民事行为保全制度研究

MINSHI XINGWEI BAOQUAN
ZHIDU YANJIU

北京市朝阳区律师协会◎编著

中国法制出版社
CHINA LEGAL PUBLISHING HOUSE

前　言

用好行为保全，保障合法权益

朝阳律协一直致力于从法治中国、行业发展以及律师展业的角度倡导律师行业应该进行积极的探索和尝试。无疑，良性的竞争生态环境、较多的律师服务项目，能够促进律师行业的持续、健康发展，继而促进整个行业的诚信度不断增强，继而使每一个律师提供的法律服务更有温度以及更加体现正义的价值。

为此，就诉讼业务领域律师的收费问题，朝阳律协出版了《关于推进律师费转付制度的调研报告》，希望促进由败诉方承担律师费的规则成为一种普遍的司法认同以及行业习惯。这对律师行业不当的“收费内卷”，是一种比制定收费规则更有效果的市场校正，通过诉讼结果改变付费责任主体，使律师在执业的时候，更加关注专业以及作业品质，更加注重客户体验，更加注意服务过程，并竭尽全力追求一个较好的诉讼结果。

而《民事行为保全制度研究》则希望在诉讼中，能够为律师更多运用行为保全制度、维护客户合法权益再添助力，帮助律师更加熟练掌握这一在实践领域中尚未全面发挥作用的制度，获得展业新机会，并更好地保障公平正义的践行。行为保全给律师执业提供了新的挑战和机遇，有利于促进整个律师行业发展。合理、准确、及时地应用并应对行为保全，将会成为律师行业未来极具前景和特色的法律服务事项。

相对于司法实践中更为熟知常见的财产保全，行为保全在功能、要件等方面都有鲜明的特征，因为行为保全的对象是行为，包括了作为与不作为，故其除了具有保证判决执行的经典功能外，更兼具了防止损失扩大、阻却不法侵害和司法上的中间性令行禁止功能。

行为保全给律师执业提供了新的挑战和机遇，为维护当事人的利益提供了一个新路径，有利于促进整个律师行业发展。合理、准确、及时地应用并应对行为保全，将会成为律师行业未来极具前景和特色的法律服务事项。

行为保全在知识产权、生态环境、股权争议、婚姻继承等领域有现时应用的巨大价值，也可期在投资者保护、证券侵权、公益诉讼等领域更多地发挥积极作用。然而2012年《民事诉讼法》修正后，民商事领域纠纷中行为保全的适用仍然有限。

希望《民事行为保全制度研究》的出版发行，能够对广大律师以及律师行业有所助益。

法学博士，第三届北京市朝阳区律师协会会长。中国国际经济贸易仲裁委员会仲裁员，中国海事仲裁委员会仲裁员，北京仲裁委员会仲裁员，最高人民检察院民事行政监督案件专家委员会委员，上海大学ADR与仲裁研究院院长　杨光

2022年10月5日

序 言

北京市朝阳区律师协会争议解决业务研究会（以下简称“争议委”）是朝阳区律师协会下设的以纠纷和争议解决为研究领域的专业研究会。争议委以诉讼、仲裁、多元调解（Alternative Dispute Resolution）等纠纷解决为研究领域，肩负着为全区律师提供该领域业务培训、指导、提升、交流等的使命。

新一届争议委成立伊始，即接受了协会交办的两个课题，“民事行为保全制度研究”便是其中之一。

从2019年开始，争议委便着手进行该课题的调研，其间开展调研会3次，完成了近3万字的调研报告。采用文献研究、比较研究、个案研究等多种研究方法，经过数次打磨、几经修改、不断完善，最终形成了此书。

本书首先对民事行为保全制度进行了概述，界定其内涵与外延，并对其进行分类，总结特点和功能。本书具有一定国际视野，即运用比较研究方法，考察大陆法系假处分制度和英美法系禁令制度，以期对我国民事行为保全制度有所启发。其次，理论研究是为解决现实问题做铺垫。针对我国民事行为保全制度的立法现状和问题，本书通过梳理和分析典型案例，分身份案件、知识产权案件和其他民商事案件三块，讨论该制度在实践中的具体运用及存在的问题，并尝试进行深层次的原因探讨。最后，针对当前存在的问题，对民事行为保全制度的完善建言献策。

我们建议：要明确行为保全的适用范围、统一行为保全的裁判要件、强化行为保全的程序保障、健全行为保全的救济制度以及完善行为保全的执行程序，并针对性提出相应的具体化措施。

本书坚持“从实践到理论、理论升华后再指导实践”的原则，基于立法和司法现状，尽可能地提出切实可行的实施方案，以期对我国民事行为保全制度的立法完善与实践应用尽一份绵薄之力。

民事行为保全制度具有预防损害扩大和保障判决执行的功能，对于维护当事人权益具有重要意义，对其进行研究和讨论也具有深远的理论和实践价值，是一项需要长期耕耘并持续推动的重要课题。本书旨在抛砖引玉，希望有更多关注本课题的各界人士继续深入推进该研究，使其日臻完善。

本课题由争议委主要负责，联合知识产权委员会，共汇集十六名委员进行此项课题研究，他们都是从事法律工作实践的资深律师与专家。在繁忙的工作之余，课题组成员排除万难，通过搜集资料整理素材，翻阅域外法律规定，并多次集中开会研讨交流，对民事行为保全制度进行深入研究，最终完成此书。在此谨对以上委员致以崇高的敬意和感谢，并对为此课题提供过指导和支持的各位领导和专家学者致以深深的谢意。

北京市朝阳区律师协会争议解决业务研究会主任　张明君

2022 年 10 月 1 日

目　录

Contents

第一章　民事行为保全制度的概述 ………………………… 001
第一节　民事行为保全的内涵与外延 ………………………… 001
第二节　民事行为保全的分类 ………………………… 005
第三节　民事行为保全制度的特点 ………………………… 007
第四节　民事行为保全制度的功能 ………………………… 010
第五节　民事行为保全制度的发展沿革 ………………………… 012

第二章　民事行为保全制度之比较法考察 ………………………… 017
第一节　大陆法系之假处分 ………………………… 017
第二节　英美法系之禁令制度 ………………………… 023
第三节　我国民事行为保全制度与域外制度比较借鉴 ………………………… 028

第三章　民事行为保全的立法现状及问题 ………………………… 032
第一节　民事行为保全的立法现状 ………………………… 032
第二节　民事行为保全申请主体不确定 ………………………… 040
第三节　民事行为保全适用范围不明确 ………………………… 042
第四节　民事行为保全管辖规则不明确 ………………………… 048
第五节　民事行为保全申请条件不明确 ………………………… 052

第四章　民事行为保全在身份案件的适用 ………………………… 053
第一节　适用行为保全的身份案件 ………………………… 053
第二节　婚姻家庭案件中行为保全适用的问题 ………………………… 056
第三节　我国婚姻家庭案件行为保全适用现状背后的原因 ………………………… 060

第四节 婚姻家庭纠纷适用行为保全具有必要性 …………………… 064

第五章 民事行为保全在知识产权案件中的适用 …………………… 070

第一节 典型案例的梳理和呈现 …………………… 070

第二节 知识产权领域行为保全重要问题回应 …………………… 085

第六章 民事行为保全在其他领域的适用 …………………… 096

第一节 民事行为保全在其他领域的适用现状 …………………… 096

第二节 行为保全在民商事领域适用的问题及原因 …………………… 100

第七章 民事行为保全制度的完善 …………………… 103

第一节 明确行为保全的适用范围 …………………… 103

第二节 统一行为保全的裁判要件 …………………… 106

第三节 强化行为保全的程序保障 …………………… 115

第四节 健全行为保全的救济制度 …………………… 117

第五节 完善行为保全的执行程序 …………………… 120

附：相关案例

美国礼来公司、礼来（中国）研发公司与黄某某侵害技术秘密纠纷案 …………………… 125

北京稻香村食品有限责任公司与北京苏稻食品工业有限公司等申请行为保全纠纷案 …………………… 127

陈某 1、陈某 2 等与黄某、陈某 5 法定继承纠纷一审民事裁定书…………………… 137

邢某、李某离婚纠纷一审民事裁定书 …………………… 139

腾讯科技（深圳）有限公司等与武汉骏网互联科技股份有限公司互联网不正当竞争纠纷案 …………………… 141

徐某某、田某某、刘某某等其他行政裁定书 …………………… 144

康文森无线许可有限公司、华为技术有限公司确认不侵害专利权纠纷二审民事裁定书 …………………… 153

夏某与顾某某离婚纠纷一审民事裁定书 …………………… 165

郭某 1 与郭某 2 遗嘱继承纠纷一审民事判决书 …………………… 167

钟某芳申请诉后人身安全保护案 …………………………………………………… 173
——诉后人身安全保护裁定制止“分手暴力”
郝某某诉郝某华赡养纠纷案 ………………………………………………………… 174
——人身安全保护裁定制止子女虐待老人
女童罗某某诉罗某抚养权纠纷案 …………………………………………………… 175
——人身安全保护裁定制止儿童虐待

参考文献 ……………………………………………………………………………… 176
后　记 ………………………………………………………………………………… 181

第一章　民事行为保全制度的概述

第一节　民事行为保全的内涵与外延

一、民事行为保全的内涵

“行为保全”是我国民事诉讼理论上的一个独有术语，最初由江伟教授和肖建国教授在《民事诉讼中的行为保全初探》一文中提出，随后在我国海事海商及知识产权领域得到广泛认可和应用。2012 年《民事诉讼法》修改，在第一百条和第一百零一条中对行为保全进行了规定，其中第一百条第一款规定“人民法院对于可能因当事人一方的行为或者其他原因，使判决难以执行或者造成当事人其他损害的案件，根据对方当事人的申请，可以裁定对其财产进行保全、责令其作出一定行为或者禁止其作出一定行为；当事人没有提出申请的，人民法院在必要时也可以裁定采取保全措施”。第一百零一条第一款规定“利害关系人因情况紧急，不立即申请保全将会使其合法权益受到难以弥补的损害的，可以在提起诉讼或者申请仲裁前向被保全财产所在地、被申请人住所地或者对案件有管辖权的人民法院申请采取保全措施。申请人应当提供担保，不提供担保的，裁定驳回申请。”除此之外，在知识产权领域，《专利法》、《商标法》以及《著作权法》都能找到有关行为保全制度的内容。民事行为保全的内涵系整个民事行为保全制度体系建构的基础，因此我国法学界对此早有讨论，目前尚存在以下不同见解。

（一）临时性救济制度

“对于债权人的给付请求、确认或形成请求案件，因被申请人的行为或者其他原因，可能导致申请人的合法权益遭受难以弥补的损害，或者使判决不能执行或者难以执行的，申请人可以向法院申请制止某种行为或者要求作出某种行为的保全，即为行为保全。”[①] 该书将行为保全制度纳入临时性救济制度的范围，认为我国目前的临时性救济包括：财产保全、先予执行、行为保全（如知识产权诉前禁令以及家庭暴力案件中的民事保护令）。所谓临时性救济，是指在本案诉讼提起之前，或者在本案诉讼确认的终局判决之前，因对方当事人的行为给权利或利益的实现造成紧急损害，如危及债权实现或造成重大危险等，当事人向法院申请请求为或不为一定行为的救济制度。[②]

（二）诉讼保障制度

“行为保全是指法院根据一方当事人的申请，责令另一方当事人为或不为一定行为。行为保全通常适用于侵权诉讼，目的在于防止被控侵权一方的行为进一步造成申请人的损失。行为保全与财产保全的区别在于，前者是针对被申请人的行为，是法院命令被申请人不得继续实施或者必须实施一定的行为；后者针对的是被申请人的财产，是将被申请人的财产查封、扣押、冻结等。”[③] 该观点认为行为保全是一种民事诉讼保障制度，在体例安排上，应当将其与期间期日、先予执行、妨害民事诉讼的强制措施等内容予以并列。[④]

（三）民事诉讼强制措施

所谓行为保全，就是指“法院为保护一方当事人的合法权益、保证判决或裁决的执行、避免损失的扩大，在诉讼前或诉讼中责令另一方当事人为一定行为或不为一定行为的民事强制措施”。[⑤] “行为保全是为了保证将来判决的执行，或者避免损失的扩大，由利害关系人在诉讼前或者诉讼程序过程中向法院申请责令被申请人为一定行为或不为一定行为的强制性措施。”[⑥]

学界从不同角度对民事行为保全的内涵进行了界定，各种观点分别从特定角度对民事行为保全的性质和特点进行了概括。从上述观点中，我们可以梳理出界定民事行为保全的几个公因式：

第一，民事行为保全既具有独立性又具有一定附属性，是一种与审判程

① 江伟、肖建国主编：《民事诉讼法》，中国人民大学出版社 2018 年版，第 238 页。

② 江伟、肖建国主编：《民事诉讼法》，中国人民大学出版社 2018 年版，第 236 页。

③ 《民事诉讼法学》编写组编：《民事诉讼法学》，高等教育出版社 2018 年版，第 168 页。

④ 认为行为保全是与先予执行以及妨害民事诉讼强制措施并列的诉讼保障制度的观点可参见张卫平著：《民事诉讼法》，法律出版社，2016 年版，第 269 页。

⑤ 金正佳、翁子明：《论建立行为保全制度》，载《人民司法》1997 年第 1 期；陈莹：《我国民事诉讼行为保全制度初探》，载《福建政法管理干部学院学报》2003 年第 1 期。

⑥ 江伟主编：《民事诉讼法专论》，中国人民大学出版社 2005 年版，第 277 页；赵彤：《在民事诉讼法中设立行为保全制度初探》，载《学术研究》2001 年第 4 期。

序、执行程序相并列的诉讼程序。[①] 然而，临时性救济的界定难以覆盖民事行为保全的全部制度内容，不足以凸显行为保全的特点。诉讼保障制度和民事强制措施的界定更偏重于行为保全制度对民事审判和行为的附属性，对行为保全的独立价值和功能关注不够。基于民事行为保全在程序规范上包含了申请人申请、法院审查、裁定、救济以及执行的整个过程[②]，因此不应当仅将行为保全作为一种救济制度或者保障制度，而应当关注民事行为保全的程序性质、独立价值和全部的程序阶段及程序内容。

第二，民事行为保全的目的在于保障裁判执行或者防止造成难以弥补的损害。我国《民事诉讼法》第一百零三条明确了我国行为保全制度的目的在于避免出现“使判决难以执行或者造成当事人其他损害”的情形。

第三，民事行为保全的内容包括当事人申请、法院审查、法院作出裁判、保全执行、保全救济等。民事行为保全不仅是法院责令一方当事人作出或者不作某种行为的措施，而且应当作为一个系统的独立程序，由各个程序阶段组成。

二、民事行为保全与相似概念的界分

（一）行为保全与财产保全

财产保全分为诉讼财产保全和诉前财产保全。诉讼财产保全，是指人民法院在受理案件之后、作出判决之前，对当事人的财产或者争执标的物采取限制当事人处分的临时措施，以保证判决将来能够执行。诉前财产保全，是指在紧急情况下，如法院不立即采取保全措施，利害关系人的合法权利就会受到难以弥补的损害，因此法律允许利害关系人在起诉（或立案）前申请法院采取财产保全。[③]

财产保全与行为保全虽然都是民事保全制度，但是在制度功能和具体制度内容上均有较大差异。

首先，财产保全的主要功能是为了保证判决的执行，行为保全除保证判决执行的功能外，还具有防止损失扩大的功能。其次，财产保全的对象是物，

---

① 张宝成：《民事行为保全制度研究》，中国人民大学 2017 年博士学位论文，第 23 页。

② 李仕春著：《民事保全程序研究》，中国法制出版社 2005 年版，第 30-36 页。

③ 江伟、肖建国主编：《民事诉讼法》中国人民大学出版社 2018 年版，第 240 页。

包括争议标的或者当事人的财产，而行为保全的对象是行为，因此其保全对象更为抽象。再次，财产保全仅限于具有给付内容的给付之诉，而行为保全可以适用于给付之诉、确认之诉和形成之诉。最后，财产保全的执行措施针对物和财产，通常为查封、扣押、冻结，行为保全措施针对抽象的行为，因而会更加灵活。

（二）行为保全与先予执行

先予执行，是指人民法院在受理案件后作出终审判决前，根据一方当事人的申请，裁定另一方当事人给付申请人一定数额的金钱或其他财物，或者实施或停止某种行为的一种制度。[①] 先予执行制度对象既包括裁定对方给付财物也包含要求对方实施或者停止某种行为，因此在对象上与行为保全确有相似之处，从而导致实务中难以区分。有学者提出，应当对先予执行和行为保全的重叠部分进行整合。先予执行仅适用于追索赡养费、抚育费、抚养费、医疗费、抚恤金等与人身密切相关案件的财产执行部分，而对于为了减少损失而采取及时处置等行为的案件，即“需要立即停止侵害、排除妨碍的”案件和“需要立即制止某项行为的”案件，应当划入行为保全范围。[②]

（三）行为保全与证据保全

我国《民事诉讼法》规定了证据保全制度，2012 年《民事诉讼法》修正后增加了诉前证据保全制度，至此证据保全和财产保全均包括了诉前和诉讼中的保全。证据保全是在证据可能灭失或者难以取得时，依当事人申请或者由法院依职权采取的一种对证据加以固定和保护的制度。证据保全与行为保全差异较大，因此在实务中不易混淆。首先，对象不同。证据保全的对象是诉讼证据，证据通常表现出静止状态。行为保全的对象是行为，而行为一般处于动态之中。其次，目的不同。证据保全是为了获得证据，行为保全的主要是为了保障将来裁判的执行。再次，范围不同。行为保全适用的范围主要包括含有行为内容的案件，而证据保全适合于所有类型案件，只要其具有证据保全的必要。[③] 最后，方法不同。证据保全方法包括查封、扣押、拍照、录

---

① 江伟，肖建国主编：《民事诉讼法》中国人民大学出版社 2018 年版，第 260 页。

② 周翠：《行为保全问题研究——对〈民事诉讼法〉第 100—105 条的解释》，载《法律科学》2015 年第 4 期。

③ 占善刚：《证据保全程序参照适用保全程序质疑——〈中华人民共和国民事诉讼法〉第 81 条第 3 款检讨》，载《法商研究》2015 年第 6 期。

像、复制、鉴定、勘验、制作笔录。由于行为保全主要针对变动的行为，其保全方法更为灵活，包括作出特定行为或者不为特定行为。

（四）行为保全与诉前禁令

诉前禁令（interlocutory injunction）与永久禁令（permanent injunction）相对应，是指法院在诉讼提起之前，应权利人或利害关系人的请求，采取措施制止正在实施或即将实施的侵权行为，以保障权利人的合法权益的一种临时救济行为。[①] 诉前禁令在我国也称诉前停止侵权行为，理论上属于行为保全范畴。[②]

（五）行为保全与民事诉讼强制措施

我国《民事诉讼法》专门规定了妨害民事诉讼的强制措施，作为民事诉讼保障制度的重要内容，民事强制措施的目的在于保障当事人和其他诉讼参与人能够行使诉讼权利、人民法院得以顺利进行审判和执行以及民事诉讼秩序得以维护。由于民事行为保全制度在某些民诉教材中亦被作为诉讼保障制度，因此难免会与民事强制措施产生一定混淆。为了区分两个制度的不同，有必要对此进行比较。

首先，民事诉讼强制措施的目的和民事行为保全不同，前者是为保障诉讼顺利进行，后者是为防止判决落空或者权利人的损失扩大。其次，民事诉讼强制措施的适用对象包括当事人及其他诉讼参与人，而民事行为保全的适用对象为当事人的行为。再次，民事诉讼强制措施只能在诉讼过程中适用，民事行为保全在起诉前或者诉讼中均可实施。最后，民事诉讼强制措施是人民法院行使审判权单方面作出的行为，民事行为保全通常是由当事人（利害关系人）申请后经法院审查作出裁定。

第二节　民事行为保全的分类

一、诉前行为保全与诉讼中行为保全

以是否起诉为依据，民事行为保全可分为诉前行为保全和诉讼中行为保

---

① 江伟、肖建国主编：《民事诉讼法》，中国人民大学出版社 2018 年版，第 256-258 页。
② 江伟、肖建国主编：《民事诉讼法》，中国人民大学出版社 2018 年版，第 257 页。

全。诉讼中行为保全是指，人民法院对于可能因当事人一方的行为或者其他原因，使判决难以执行或者造成当事人其他损害的案件，根据对方当事人的申请，可以责令其作出一定行为或者禁止其作出一定行为；当事人没有提出申请的，人民法院在必要时也可以裁定采取保全措施。诉前行为保全是指，利害关系人因情况紧急，不立即申请保全将会使其合法权益受到难以弥补的损害的，可以在提起诉讼或者申请仲裁前向被保全财产所在地、被申请人住所地或者对案件有管辖权的人民法院申请采取保全措施。申请人应当提供担保，不提供担保的，应裁定驳回申请。诉讼中行为保全和诉前行为保全制度在申请主体、证明程度以及是否需要提供担保等方面均具有不同之处。其中最显著的区别是，诉前行为保全既针对现实损害，也可以是“紧迫的危险”。①

二、确保型行为保全与制止型行为保全

根据行为保全的功能划分，可以分为确保型行为保全和制止型行为保全。确保型行为保全，与财产保全一样仅限于给付之诉，以保证本案判决将来的执行为其基本功能。② 制止型行为保全，以防止给当事人造成其他损害为其基本功能。这里的“其他损害”，是指申请本案诉讼请求所保护的实体权利以外的其他合法权益避免遭受损害。③ 制止型行为保全比较常见的类型为人身保护令，即为了防止对申请人的人身造成危害或者避免在离婚诉讼中对离婚诉讼当事人造成进一步的暴力危险，申请发布人身保护令以制止实施家庭暴力一方继续为某种行为。制止型行为保全并不附属于本案诉讼，甚至在一定意义上独立于本案诉讼。④

三、给付型、形成型、确认型行为保全

根据行为保全的适用范围划分，可以分为给付型、形成型、确认型行为保全。除完成行为的给付请求案件专属适用行为保全外，行为保全还可以广

---

① 郭小冬著：《民事诉讼侵害阻断制度研究》，知识产权出版社 2010 年版，第 84-85 页。
② 江伟、肖建国主编：《民事诉讼法》中国人民大学出版社 2018 年版，第 252 页。
③ 江伟、肖建国主编：《民事诉讼法》中国人民大学出版社 2018 年版，第 252 页。
④ 江伟、肖建国主编：《民事诉讼法》中国人民大学出版社 2018 年版，第 252 页。

泛地适用于金钱给付诉讼和物的交付诉讼，以及形成之诉、确认之诉中。[①]

给付型行为保全通常与本案诉讼请求一致，是在请求给付之诉中申请对方作为或者不作为一定行为，行为保全可以让申请人暂时先行获得胜诉利益。比如，在相邻关系纠纷中，申请人在提出具体诉讼请求的同时，为避免因侵权行为而导致的损害扩大，可以申请法院责令对方实施排除妨碍物或者拆除危险建筑物等积极作为行为，或者赋予对方不得继续作出妨害相邻关系的行为、不得妨碍申请人通行等消极不作为义务。需要注意的是，给付型行为保全不仅在行为给付请求案件中应用，也可以在金钱给付诉讼和物的给付诉讼中应用。

形成型行为保全不是要求对方作出行为给付，而是请求法院暂时变更已经成立或既存的民事法律关系或民事权益。[②] 被保全的权利与本案诉讼请求之间并非一致，保全申请会独立于本案诉讼标的。例如，在离婚诉讼中当事人申请法院暂时确定未成年子女抚养权，通过行为保全方式暂时变更夫妻共同抚养而改为由其中一方抚养。该种行为保全措施可以在离婚诉讼中防止夫妻抢夺、藏匿未成年子女，从而避免给对方以及未成年子女带来危害。

确认型行为保全是指对所主张的权利进行暂时地确认，这种类型行为保全在司法实践中的应用相对较少。

第三节 民事行为保全制度的特点

一、民事行为保全程序具有保障性

根据我国《民事诉讼法》第一百零三条、第一百零四条的规定，民事行为保全是人民法院对于可能因当事人一方的行为或者其他原因，使判决难以执行或者造成当事人其他损害的案件，或者因情况紧急，不立即申请保全将会使其合法权益受到难以弥补的损害的情形，责令对方作出一定行为或者禁止其作出一定行为的诉讼程序。从我国立法条文的设置来看，民事行为保全

① 江伟、肖建国主编：《民事诉讼法》中国人民大学出版社 2018 年版，第 252 页。
② 江伟、肖建国主编：《民事诉讼法》中国人民大学出版社 2018 年版，第 253 页。

程序具有保障性，是为了确保判决执行或者防止权利人损害扩大。行为保全程序本身并不能像诉讼程序那样解决实体纷争，不能对争议的实体法律关系予以裁判，其是民事诉讼中一项重要的保障措施。民事强制执行程序是民事诉讼程序的终点，而行为保全程序是民事强制执行程序的起点。①

对此，有学者提出，民事行为保全程序具有附属性，法院采取行为保全措施并不是为解决案件的实体问题，而是通过干预被申请人的行为，使诉讼程序顺利进行、判决得以实现、避免难以弥补的损害。② 其进一步阐释为，民事行为保全的程序附属性主要表现在行为保全不能脱离本案诉讼单独提起，保全范围不能超过本案的诉讼请求。③ 本书认为，民事行为保全程序在通常情况下确实会表现出其附属性，即以本案诉讼为基础，具有手段和目的的关系；即行为保全是为了保障本案判决得以执行或者为防止难以弥补的损害。但是，民事行为保全还具有其独立性，并且在某些类型的案件中，行为保全措施并不以本案诉讼为前提，亦不必与本案诉讼标的保持完全一致。例如，人身保护令作为民事行为保全的一种，不以提起离婚为前提，具有独立的制度功能，且相对于离婚诉讼程序而言，人身保护令具有独立的程序。

二、民事行为保全事件具有紧急性

我国设置民事行为保全制度的前提即事件本身具有紧急性，若不制止侵权行为或者责令作出某种行为，将会持续性地造成更大损害或者使得判决落空。例如：商标侵权案件中，侵权行为持续存在，若等到法院终审判决最终裁判侵权行为成立，判决对方立即停止侵权，则可能在漫长的诉讼过程中，侵权人持续实施的侵权行为已经给权利人带来了无法挽回的损失。因此法院在裁定是否作出保全时必须考虑保全事件的紧急性，并且基于保全事件的紧急性，保全制度在设置时对时效、救济等的规定均充分彰显了效率价值。我国《民事诉讼法》规定，诉讼中的保全，人民法院接受申请后，对情况紧急的，必须在四十八小时内作出裁定；裁定采取保全措施的，应当立即开始执行。诉前保全则因其本身即属于情况紧急，因此必须在四十八小时内作出裁定；裁定采取保全措施的，应当立即开始执行。

---

① 王福华著：《民事诉讼法学》，清华大学出版社 2012 年版，第 238 页。

② 张宝成：《民事行为保全制度研究》，中国人民大学 2017 年博士学位论文，第 40 页。

③ 张宝成：《民事行为保全制度研究》，中国人民大学 2017 年博士学位论文，第 40 页。

三、民事行为保全效力具有暂时性

我国《最高人民法院关于适用〈中华人民共和国民事诉讼法〉的解释》（以下简称《民事诉讼法司法解释》）第一百六十八条对财产保全裁定效力作出间接规定，即保全裁定未经人民法院依法撤销或者解除，进入执行程序后，自动转为执行中的查封、扣押、冻结措施。但是学者对保全裁定效力至本案判决执行时消灭的观点提出疑问，认为我国的民事保全不同于英国的临时禁令总是在一定期间内存续，而是在未经撤销或者解除的情况下一直发生法律效力。[①] 由于财产保全效力尚存争议，因此民事行为保全效力是具有持续性还是暂时性，是否可参照财产保全效力进行分析，尚没有定论。

本书认为，民事行为保全效力具有暂时性，自保全裁定作出后的一定期间内发生法律效力。民事行为保全与财产保全的根本区别在于制度功能和保全对象的不同。民事行为保全制度主要的功能是避免权利人遭受不可弥补的损失，因此允许法院依自由裁量在没有经过严格审理程序时对双方权利义务作出裁定。这种裁定在很大程度上是建立在对有争议的民事权利义务关系孰是孰非的假定或者说暂定上。[②] 例如，实务中比较常见的知识产权侵权案件，法院审判程序尚未终结前，一方当事人的权利遭受侵权行为持续性地侵害，法院通过审查对侵权行为成立作出初步判断后才能支持行为保全申请，裁定对方停止某种行为。对于被申请方而言，行为保全制止其行为或者责令其行为的效力对其实体权利产生极大影响，若不设定一定期间，则可能导致被申请方因行为保全而遭受损失。例如，申请人行为保全申请得到支持后一直未将纠纷提交法院或者仲裁，或者法院一审驳回申请人的诉讼请求，被申请人行为不能一直受到某种限制。因此，申请人请求保护的权益和被申请人因行为保全可能遭受的损失需要进行权衡，行为保全的效力暂时性更符合行为保全的制度功能和保全对象特点。《民事诉讼法》第一百零四条第三款规定的“申请人在人民法院采取保全措施后三十日内不依法提起诉讼或者申请仲裁的，人民法院应当解除保全”也正说明行为保全在一定期间内具有效力。

---

① 周翠：《行为保全问题研究——对〈民事诉讼法〉第100—105条的解释》，载《法律科学》2015年第4期。

② 李仕春著：《民事保全程序研究》，中国法制出版社2005年版，第30页。

第四节　民事行为保全制度的功能

民事行为保全于2012年《民事诉讼法》修改后才正式纳入民事保全制度体系。在此之前，民事行为保全经历了很长一段时间碎片化的发展，主要应用于知识产权和海事等领域。而2012年修改的《民事诉讼法》对其予以系统规范后，行为保全仍然处于与财产保全条款合一的状态。因此，民事行为保全制度功能与财产保全尚存在混淆或者重合的地方。对于有关民事行为保全制度功能，我国学界讨论较多，主要集中在以下几个方面：防止损害扩大、保障判决执行以及解决纠纷。

一、损害扩大的预防

行为保全的功能在于给予债权人预防性的紧急权利保护[①]，这种制度功能一定程度上弥补了财产保全在权利保护和预防损害功能上的不足。财产保全通常更局限于物之给付请求案件，更偏重将诉讼中争议标的或者涉诉财产采取限制措施，防止日后判决胜诉而无财产可供执行，导致判决落空。虽然诉前财产保全亦具有预防性功能，但是却始终无法脱离保全对象带来的束缚。因为财产保全仅能针对“物”进行，是一种静态的措施，比如将某个银行账户冻结或者将某处房产予以查封。因此，财产保全无法应对其他诉讼类型中的权利保护问题，如行为给付请求案件中并无争议财产标的，而以给付某种行为作为诉讼请求。针对侵权人的持续侵权行为，权利人等到生效判决执行时再对侵权行为予以制止，其权利遭受的损害无法通过赔偿制裁得以弥补。因此，行为保全制度的设置正是回应司法实务的需求，在紧急情况下给权利提供预防性的保护，防止侵权行为持续导致损害。

预防损害扩大应是行为保全制度的主要功能，这一点可以从制度发展脉络中找到正解。1992年之后，受社会经济转型的影响，我国在实体法和特别程序法领域开始零星出现行为保全的规范内容。1991年12月31日《最高人

---

① 周翠：《行为保全问题研究——对〈民事诉讼法〉第100—105条的解释》，载《法律科学》2015年第4期。

民法院关于审理专利纠纷案件若干问题的解答》(已失效)第三条规定,专利权人提出财产保全申请并提供担保的,人民法院认为必要时,在裁定中止诉讼的同时责令被告停止侵权行为或者采取其他制止侵权损害继续扩大的措施。2000年《专利法》第二次修正,第六十一条规定专利权人或者利害关系人有证据证明他人正在实施或者即将实施侵犯其专利权的行为,如不及时制止将会使其合法权益受到难以弥补的损害的,可以在起诉前向人民法院申请采取责令停止有关行为和财产保全的措施。随后,2001年修正的《商标法》第五十七条和《著作权法》第四十九条均有行为保全的相关规定。以上规范均体现出,行为保全设置伊始就是为了“制止侵权损害继续扩大,制止合法权益受到难以弥补的损害”。

二、判决执行的保障

生活中存在大量具有时间紧迫性要求的民事纠纷,如持续性侵权案件、家庭暴力案件、工矿企业乱排乱放案件、劳动纠纷案件等。如果需要等法院裁判生效才开始执行的话,相应的权利状态可能已经发生改变或难以执行,因此,法律应当设立相应的制度和程序,保护当事人的合法权益,以维护社会公正理念和秩序。[①] 行为保全制度的设置,使得所主张的权利或者诉讼请求以外的其他合法权益暂时得以实现,一定程度上防止判决最终成为一纸空文。例如,在相邻关系纠纷中,对方正在修建的建筑物影响相邻权人的采光,若等到法院终审判决确认其行为构成侵权,而不对其行为预先制止,则经过漫长的诉讼周期,侵权人的建筑物已经完成。这将给判决执行带来一定的阻碍甚至可能难以执行。

三、纠纷解决的促进

民事行为保全制度设置之初并未附加该制度“纠纷解决”的功能。在我国,民事纠纷解决往往有诉讼机制和诉讼外机制,而诉讼是作为最后一道防线,对诉讼外机制具有补充和保障的作用。民事保全制度的纠纷解决功能在域外国家有所体现。例如,在日本,民事保全程序已经成为解决民事纠纷的一个重要途径,许多民事纠纷在法院作出民事保全的裁定之后,当事人就自

① 张宝成:《民事行为保全制度研究》,中国人民大学2017年博士学位论文,第27页。

动履行债务从而使纠纷得以解决；在法国民事诉讼实务中，案件经过紧急审理程序后，当事人基本上就不再提起本案诉讼。① 而在我国的司法实务中，民事保全制度也日益彰显其纠纷解决功能。很多案件经过保全后，双方当事人能够更加理性地认识到诉讼的局势，从而愿意在诉讼中或者诉讼之外进行和解或者达成调解，案件无须再经审判。

第五节　民事行为保全制度的发展沿革

2012 年《民事诉讼法》修改，在第一百条增加了行为保全制度，自此行为保全制度与财产保全制度在我国民事诉讼法的法条中得以确立。行为保全制度在诉讼法中的最终确立，是我国长期以来实践和理论呼吁的必然结果，是对司法实务的有效回应。然而，从立法和司法实践来看，我国的民事行为保全制度尚处于起步阶段。虽然《民事诉讼法》已有专门规定，但该制度从适用伊始到后来发展多限于个别领域，因此难免呈现碎片化的状态。② 并且，目前关于行为保全的规定中原则性规定依旧较多，可操作性仍有待加强，仍有诸多问题需要在解释学的基础上进行类型化梳理。③ 民事行为保全制度的发展沿革梳理，需要从民事诉讼法以及其他实体法中寻找轨迹，由此为我们了解该制度的源头，并明确制度尚存在的问题提供依据。

从我国保全制度体系的发展来看，民事保全历经了从诉讼保全到诉前保全，从财产保全到行为保全的过程，且行为保全最终在民事诉讼法中以明确制度予以规定是理论和实务长期呼吁的必然结果。1949 年中华人民共和国成立以来，民事行为保全制度发展沿革可以分为三个阶段：基本空白阶段、局部展开阶段、全面规定阶段。④

基本空白阶段（1949—1992）。中华人民共和国成立后，百废待兴，立法工作全面开展。1950 年草拟的《中华人民共和国诉讼程序试行通则（草

---

① 李仕春：《民事保全程序基本问题研究》，载《中外法学》2005 年第 1 期。

② 李曼：《为保全制度的标准构建——以美国法中间禁令制度的衡量标准为参考"》，载《烟台大学学报》（哲学社会科学版）2016 年 9 月底 26 卷第 5 期。

③ 张宝成：《民事行为保全制度研究》，中国人民大学 2017 年博士学位论文，第 5 页。

④ 张宝成：《民事行为保全制度研究》，中国人民大学 2017 年博士学位论文，第 1-3 页。

案）》中规定了“暂先处置”和“暂先执行”。“暂先处置”是指民事案件原告的请求确有日后难于执行之虞者，得向法院申请暂先扣押被告的财物或为其他处置。“暂先执行”是指对于事实简单明确的民事案件，在判决确定前有暂先执行之必要，而被告亦不至于因此受到不能恢复之损害时，法院得依原告申请或主动在判决主文内宣告暂先执行。[①] 从内容来看，此时并不涉及行为保全的规范。1979 年最高人民法院印发的《人民法院审判民事案件程序制度的规定（试行）》对民事保全制度的规定仍然未涉及行为保全的内容。1982 年发布的《中华人民共和国民事诉讼法（试行）》和 1991 年《中华人民共和国民事诉讼法》对民事保全制度的规定更为完善，但通过条文梳理可知，此时保全制度体系仍然限于财产保全和先予执行，未有行为保全的规范。

局部展开阶段（1992—2012）。在 1992 年至 2012 年的 20 年间，我国行为保全制度呈现碎片状态，司法实务中大量案件对行为保全急切期待，但此时立法仍处于局部展开阶段，有关行为保全的规范散见于民事实体法和民事程序特别法，没有形成体系化成果。

1991 年 12 月 31 日，《最高人民法院关于审理专利纠纷案件若干问题的解答》（已失效），第三条规定，“被告在答辩期间内请求宣告该项专利无效的，人民法院应当中止诉讼。专利权人提出财产保全申请并提供担保的，人民法院认为必要时，在裁定中止诉讼的同时责令被告停止侵权行为或者采取其他制止侵权损害继续扩大的措施。”此后，2000 年发布的《中华人民共和国专利法》（已被修改）第六十一条对专利权人或者利害关系人在起诉前向人民法院申请采取责令停止有关行为和财产保全的措施作了规定。2001 年发布的《中华人民共和国著作权法》（已被修改）第四十九条和 2001 年《中华人民共和国商标法》（已被修改）第五十七条均作出与专利法相同的规定。这个时期知识产权领域“临时禁令”的规定已经具备了行为保全的基本要素，但是局限仍然非常明显，即其仅在实体法中赋予了申请人实体上的救济权利，却缺乏对应的完整的程序规则。

2001 年《最高人民法院关于对诉前停止侵犯专利权行为适用法律问题的若干规定》，对诉前责令被申请人停止侵犯专利权行为的程序制度进行了规范指引，包括申请主体、管辖法院、申请条件、保全担保和保全解除等内容。

① 黄维智、万旭、张斌：《论我国行为保全制度的历史变迁》，载《天府新论》2014 年第 3 期。

2000年7月1日起施行的《中华人民共和国海事诉讼特别程序法》第四章规定了“海事强制令制度”。虽然被定义为“强制措施”，但海事强制令的制度内容与行为保全基本一致，因此可以认为这是程序立法上行为保全的最早规范。“海事强制令”较此前有关行为保全的一些规范有了显著突破：第一，海事强制令独立于海事请求保全的规定，单独列为第四章内容，针对“责令被请求人作为或者不作为的强制措施”。第二，海事强制令对申请主体、管辖法院、保全担保、保全执行、保全救济程序内容均有比较完整的规定。然而海事强制令的局限也是显而易见的，首先，该强制令仅限于海事纠纷，并未适用于其余民事诉讼程序；其次，法条将“海事强制令”定义为“强制措施”，因此体系上该强制令未纳入“保全制度”中。

全面规定阶段（2012年—至今）。鉴于学界对行为保全讨论和研究已日趋成熟，司法实务中越来越多领域对行为保全需求强烈，2012年《民事诉讼法》修改草案征求意见时，增设行为保全条款已是大势所趋。2012年新修正的《民事诉讼法》第一百条和一百零一条增加行为保全制度内容，由此行为保全制度正式地在《民事诉讼法》中得以确立。2015年2月4日最高人民法院颁布的《民事诉讼法司法解释》进一步补充规定了行为保全的相关内容，包括管辖法院、保全担保以及保全救济等，进一步完善了民事行为保全制度内容。

2015年最高人民法院发布《最高人民法院关于审查知识产权与竞争纠纷行为保全案件适用法律若干问题的解释》（征求意见稿），该征求意见稿对知识产权和竞争纠纷中的行为保全程序规则作了更为细致系统的规定，规定了行为保全申请主体、管辖法院、申请条件、法院审查程序、程序保障、对“情况紧急”“难以弥补的损害”的释义、保全效力、保全救济。随后，2018年11月26日最高人民法院审判委员会第1755次会议通过《最高人民法院关于审查知识产权纠纷行为保全案件适用法律若干问题的规定》（法释〔2018〕21号），对上述内容作了详细的规定。

2016年3月1日施行的《中华人民共和国反家庭暴力法》第四章专门规定“人身安全保护令”。在民事诉讼法修改之后、《反家庭暴力法》实施以前，“人身安全保护令”在性质上普遍被认为是行为保全。有学者认为其“与一般的行为保全制度运行不同，该项制度实现了诸多突破，其中之一便是制度的独立性，可以不依附于某项诉讼而存在。”[①] 但《反家庭暴力法》实施后，也有学者写文章提出人身安全保护令与民事诉讼法上的行为保全在程序的独立性上存在本质区别，应属于家事非讼程序的范畴，并不适用民事诉讼法上的行为保全措施的规定。[②]

2021年施行的《中华人民共和国民法典》第九百九十七条规定，民事主体有证据证明行为人正在实施或者即将实施侵害其人格权的违法行为，不及时制止将使其合法权益受到难以弥补的损害的，有权依法向人民法院申请采取责令行为人停止有关行为的措施，即人格权侵权行为禁令。[③] 从内容上看，《民法典》人格权禁令与知识产权领域的诉前禁令十分相近，其亦符合《民事诉讼法》有关诉前保全和行为保全的规定，因此不少学者将人格权禁令纳入诉前行为保全的范畴。其中有学者指出“《人格权编草案》第五十二条规定了禁令救济。根据该条，为了及时制止侵权行为，相关民事主体可申请法院颁发禁令，禁令停止有关侵权行为；该制度是我国《民事诉讼法》（2017年修正）第一百条、第一百零一条规定的诉讼中和诉前的行为保全在人格权领域的具体适用。”[④] 另有学者表示“《民法典》第九百九十七条规定，民事主体有证据证明他人正在实施或者即将实施侵害其人格权的违法行为，不及时制止将使其合法权益受到难以弥补的损害的，有权依法向人民法院申请采取责令行为人停止有关行为的措施。这一规定既包括诉前禁令，也包括诉中禁令。诉中禁令在《中华人民共和国民事诉讼法》中已有规定，并且在实践中被广泛采用。对于诉前禁令，《民事诉讼法》（2017年修正）第一百条只是从程序上规定了诉前行为保全，还缺少实体法的规定”。[⑤] 还有持相同观点的学者认为“民法典的此项规定填补了漏洞，作为一种典型的绝对权请求权，在权利人对其人格利益之圆满支配状态受到不当影响时，权利人即可通过申请诉前禁令的方式，制止不法行为的发生或者持续，从而维护权利人对其人格利益

---

① 张宝成：《民事行为保全制度研究》，中国人民大学2017年博士学位论文，第4页。

② 颜卉：《家事诉讼立法中增设特殊行为保全制度研究》，载《甘肃政法学院学报》2018年第6期。刘敏、陈爱武著：《〈中华人民共和国家事诉讼法〉建议稿及立法理由书》，法律出版社2018年版，第309-319页。

③ 张鸣起：《民法典分编的编纂》，载《中国法学》2020年第3期，第20页。

④ 石佳友：《守成与创新的务实结合：〈中华人民共和国民法人格权编（草案）〉评析》，载《比较法研究》2018第2期，第16页。

⑤ 杨立新：《我国民法典人格权立法的创新发展》，载《法商研究》2020年第4期，第24-25页。

的圆满支配”。[①]

但也有学者对此持不同观点，认为此人格权禁令不是民事诉讼上的行为保全，不属于诉前禁令性质。[②] 就此有学者提出，“人格权法中的诉前禁令是人格权效力的体现，其主要功能并不在于保全财产以保障将来判决的有效执行，而在于制止不法侵害行为的发生或者扩大。因此，不宜以《民事诉讼法》中的诉前禁令制度替代人格权法中的诉前禁令制度”。[③] 基于此，人格权禁令不依附于本案诉讼程序，即无须在禁令申请后一定期限内提起诉讼或仲裁。

---

① 姚辉：《当理想照进现实：从立法论迈向解释论》，载《清华法学》2020 年第 3 期，第 58-59 页。
② 吴英姿：《人格权禁令程序研究》，载《法律科学》（西北政法大学学报）2021 年第 2 期。
③ 王利明：《论侵害人格权的诉前禁令制度》，载《财经法学》2019 年第 4 期。

第二章　民事行为保全制度之比较法考察

第一节　大陆法系之假处分

一、德国的假扣押与假处分制度

德国民事诉讼法专章规定假扣押与假处分制度。物的假扣押理由与限制债务人人身自由的理由不同，如不实行假扣押，判决即无法执行或极难执行时，方可实施对物的假扣押；而只有在对债务人财产的强制执行受到危险，需要保全时，才能限制债务人的人身自由。假扣押管辖，由审判本案的法院以及假扣押标的物所在地的法院，或者人身自由应受限制的人所在地的法院进行。申请假扣押应提出请求权并说明理由，但若提供担保，即使就请求权或假扣押理由未能进行说明，也可以命令实行假扣押；或者即使说明了理由，法院也可以命令提供担保后实行假扣押。对于命令假扣押的裁定，可以提出异议，但是假扣押的执行并不因提出异议而停止。对于假扣押异议，法院应以终局判决对假扣押是否合法进行裁判。假扣押法院应依申请命令申请假扣押命令的当事人在规定期间内起诉，不遵从命令的，法院将依申请判决宣布撤销假扣押。假扣押执行准用关于强制执行的规定，其中限制债务人人身自由的执行方法包括拘留等。

关于假处分的规定，法条原文为“如现状变更将使当事人的权利不能实现，或难于实现时，准许对于争议标的物实施假处分。”假处分由本案法院管辖，实施假处分，可以交付保管人保管，或者命令对方当事人作出一定行为或禁止对方当事人作出一定行为，特别是禁止对土地、已登记的船舶或建造中船舶进行让与、设置负担或抵押。假处分的具体规定包括：命令他人迁出房屋、命令承租第三人迁出房屋、嘱托土地登记机关或船舶登记机关进行登记等。

从德国民事诉讼法关于假扣押与假处分制度的内容来看，限制人身自由的假扣押和假处分与我国行为保全具有相似性，但关于行为保全最主要的规定还是假处分制度。

适用范围。德国学理上将假处分划分为确保性假处分、定暂时状态假处分和履行性的假处分。[①] 确保性假处分被规定在第935条，即“如现状变更将使当事人的权利不能实现，或难于实现时，准许对于争议标的物实施假处分。”确保性假处分的主要功能在于保障判决的执行，权利人权利的实现。定暂时状态假处分规定在第940条，即“为避免重大损害或防止急迫的强暴行为，或因其他理由，对于有争议的法律关系，特别是继续的法律关系，有必要规定其暂时状态时可以实施假处分”。继续的法律关系包括租赁关系、劳动关系等，其功能在于防止重大损害。[②] 从法条规定来看，确保性假处分适用于不以金钱为内容的请求，包括特定物给付和行为给付；暂时状态假处分适用于持续性的法律关系。

申请条件。包括形式上的申请和实体上的理由。也即对于假处分的实施，应当实行“不告不理”，以当事人的申请作为启动条件。而申请理由区分假处分类型，确保性假处分应当“现状变更导致当事人的权利不能实现或难于实现的情形，定暂时状态假处分则应当由重大损害或急迫的强暴行为”。法院可以自由裁量的事项是“是否提供担保”。担保与否不是实施假处分的必要条件，即便提供担保，理由不充分也可能不被法院认可。

管辖法院。我国学者在对德国法院系统和假处分管辖进行梳理后，从我国诉讼管辖的思维出发总结出德国假处分管辖如下。1. 级别管辖：假处分由初级法院管辖或者控诉法院管辖，并且只有在本案属于控诉审时，该案的假处分申请才由控诉法院管辖。2. 地域管辖：在紧急情况下，假处分可以由标的物所在地法院管辖。3. 专属管辖：即在非紧迫情况下，土地所在地初级法院，或船舶的船籍港或船籍地或建造中船舶建造地的初级法院，可以管辖假处分。船舶的船籍港不在国内时，此项假处分由汉堡初级法院管辖。[③]

程序流程。假处分的程序包括：申请、裁判、异议、执行。假处分由当事人申请启动，申请应说明假扣押与假处分理由。法院针对当事人申请进行

---

① ［德］汉斯-约阿希姆·穆泽拉克著：《德国民事诉讼法基础教程》，周翠译，中国政法大学出版社2005年版，第431页。

② 周翠著：《中外民事临时救济制度比较研究》，清华大学出版社2014年版，第11页。

③ 张宝成：《民事行为保全制度研究》，中国人民大学博士2017年学位论文，第50页。

审查，审查经过言辞辩论作出的是终局判决，否则作出裁定。因此在紧急情况下，也可以不经过言词辩论而为之，是否经过言辞辩论属于法院的义务性裁量事项。[①] 当事人对法院作出的命令假扣押假处分的裁定可以提出异议，以书面形式向书记科提出，由其作成记录，异议应当说明理由。法院应依职权指定言辞辩论期日。但是执行一般不因异议而停止，除非法院准用第 707 条发出暂时命令。[②] 假处分的执行依第 928 条、第 936 条准用关于强制执行的规定。

执行方式。第 938 条规定实施假处分，可以交付保管人保管，或命令对方当事人作出一定行为或禁止对方当事人作出一定行为。可见，执行方式与假处分对象相关：如果给付对象为特定物，则采用交付保管人保管的方式来执行；如果涉及行为给付，则命令行为人作出一定行为或禁止一定行为。再依第 887 条和第 888 条之规定，对于可以代替的作为，债务人不履行某种行为，而此项作为是第三人可以实行的，则法院依申请授权债权人以债务人的费用实行。若作为不能由第三人实行，则在债务人不实行作为义务时，处以强制罚款、强制拘留。

二、日本的假处分制度

与德国不同，日本在立法上专门制定《民事保全法》，对假扣押、假处分予以规定。该法第 1 条明确规定，“对于保全民事诉讼本案权利而实施的假扣押、对系争标的物的假处分、为临时确定民事诉讼本案权利关系的假处分，除其他法律另有规定外，依本法规定”。因此，日本民事保全包括“假扣押”和“假处分”，针对财产的保全称为“假扣押”，针对债务人行为或者争议法律关系暂时状态的保全为“假处分”。

适用范围。从法条的规定来看，假扣押针对“以金钱支付为目的的债权”，假处分系“因系争物现状发生变更而有可能导致债权人无法实现其权利或实现权利存在显著困难时”或“若权利关系存在争议可导致债权人显著损

---

① 周翠著：《中外民事临时救济制度比较研究》，清华大学出版社 2014 年版，第 31 页。

② 《德国民事诉讼法》第 707 条：因申请回复原状和申请再审而暂时停止的规定。申请回复原状或申请再审后，或依据第三百二十一条之一的规定提出责问时，或者诉讼在宣示保留判决后继续进行时，法院可以依申请，命令提供担保或不提供担保而暂时停止强制执行，或提供担保而暂时实施强制执行，并且可以依申请命令提供担保而撤销执行处分。只有在债务人说明，债务人不能提供担保，并且执行会引起不可补偿的损害时，方准许不提供担保而停止执行。

害或造成紧急危险”时作出。因此，日本假处分亦与德国类似，分为“系争物的假处分”和“确定临时状态的假处分”。关于系争物的假处分，“行为是其对象之一，而这种行为又包括作为和不作为。当债务人的某种积极行为基于其特殊身份或特殊技能等原因具有不可替代性时，法院可将其作为假处分；不作为的假处分主要是当事人基于物权而发生的阻止妨碍请求权而责令对方当事人即债务人不得继续施加侵害行为或容忍自己权利被侵犯而不得反抗”。①确定暂时状态的假处分针对有争议的权利关系，“因为就争议权利关系对债权人正在逼近的损害和危险具有多种多样的情况，所以根据债权人的必要能够作出的假处分命令也各不相同，其相应的执行方法也不一样”。② 确定暂时状态的假处分被保全的权利指的是尚处于争议的法律关系，既包括身份关系，也包括物权债权等财产关系；所涉本案诉讼既可以是给付之诉，也可以为确认之诉或者形成之诉。

申请条件。申请假处分必须符合一定条件，这些条件包括程序和实体要件。(1) 申请。假处分应由当事人提出申请，可以在诉前或者诉讼中提出③。(2) 理由。实体上申请假处分必须在申请中明确目的、应保全的权利或权利关系以及说明具体理由，即假处分的必要性。(3) 疏明。当事人还需要对假处分的权利或权利关系以及必要性予以疏明。④ 也即当事人需要向裁判所法官说明自己申请假处分具有理由，让法官得以相信其申请理由成立。(4) 担保。发出保全命令，可以要求申请人提供担保，或以认为适当的期间内提供担保作为实施保全的前提条件，亦可不要求提供担保。⑤

---

① 吕辉：《论日本行为保全制度及其启示》，载《湖北社会科学》2013 年第 2 期。

② 张宝成：《民事行为保全制度研究》，中国人民大学 2017 年博士学位论文，第 56 页。

③ 日本《民事保全法》第 11 条：保全命令仅于可向日本裁判所提起本案诉讼时或暂时被扣押无或系争物在日本国内时可以作出。

④ 所谓疏明，指的是当事人对于自己主张的事实进行的为使法官形成大概或者似乎是真实的程度的心证的证明活动。参见兼子一等著：《条解民事诉讼法》，东京弘文堂 2011 年版，第 1072-1073 页。

⑤ 是否需要提供担保由发令裁判所自由裁量，但对该判断结果可提出保全异议和保全抗告。应当注意的是这里的命令提供担保的几种方式：一种是命令申请人提供担保后发出保全命令；一种是发出保全命令无须提供担保，但是将来执行该保全命令时，需向执行裁判所提供担保。裁判所对于两种方式作出的保全处分命令不同。对于前一种，裁判所依据已疏明的申请，确定担保额、提供担保的期间、担保提供人、担保提供方法；对于后一种，于保全命令的主文中确定担保额、担保提供期间以及担保执行的条件等。担保执行的条件是指第 46 条以及民事执行法第 30 条第 2 项所谓的条件。债权人为了实施保全处分，必须向执行机关提出证明其提供担保的文书。山崎潮监修、瀬木比吕志等编：《注释民事保全法（上）》，社团法人民事法信息中心 1999 年版，第 222 页。参见《日本民事诉讼法典》，外国民事诉讼法译丛，第 291 页。

管辖法院。保全命令和执行的管辖为专属管辖。[①] 从级别管辖看，保全案件（包括假处分）由第一审裁判所管辖，除非案件系属于控诉审，则由控诉裁判所管辖。从地域管辖看，保全命令案件由本案的管辖裁判所或暂时应予扣押的物或系争物所在地的地方裁判所管辖；如果以交付船舶或动产为目的，则为船舶、动产、担保标的物所在地。

程序流程。日本假处分流程跟德国基本一致，分为：申请、裁判、异议和执行。法院裁定程序中，为了实现民事保全的迅速化，可以不经口头辩论，采用决定程序而非判决程序作出保全裁判。对保全命令申请作出的决定，应当附理由；但是未经口头辩论作出决定时，仅需写明理由的要点。对于确定暂时状态的假处分命令，应当要经过口头辩论或者审询，否则不能发出；除非进行口头辩论或者审询会导致假处分命令的申请目的落空。所谓审询，是指无须双方当事人对席参与，裁判所可对双方当事人以及其他关系人分别或者共同进行，进而给予书面或者口头陈述的机会的情形。与审判程序的不同在于其无须对席辩论，即便需要口头陈述，也无须在公开的法庭上进行。[②] 债务人可以向发出命令的裁判所提出异议申请，异议需要对存在明显可撤销保全命令的原因事实以及保全执行可能会导致无法弥补的损害的情形予以疏明，裁判所可以在作出撤销、变更保全的裁定前要求提供担保，裁判所也可以裁判停止保全执行或撤销执行，但以提供担保为条件。对保全异议申请作出决定应当由裁判所经口头辩论或当事人双方均能出席进行审询。

执行方式。《民事保全法》第 24 条、第 25 条规定，裁判所为达成假处分命令申请的目的，可命令债务人为一定行为，或禁止债务人为一定行为，或命令其为给付；亦可作出使保管人保管标的物的处分及其他必要处分。若应保全的权利通过支付金钱的方式可以达到权利保护时目的，则裁判所可以确定债务人提存的金钱数额用于停止假处分执行或撤销假处分。

三、我国台湾地区的假处分制度

适用范围。我国台湾《民事诉讼法》第七编专门规定了保全程序，其中包括假扣押和假处分。针对金钱请求的执行保障，适用假扣押，针对非金钱

---

① 参见日本《民事保全法》第 6 条。

② 参见［日］兼子一等著：《条解民事诉讼法》，东京弘文堂 2011 年版，第 366 页。新堂幸司：《新民事诉讼法》，林剑锋译，法律出版社 2008 年版，第 332-333 页。

给付请求则适用假处分。假处分制度与德国和日本有类似分类，即对特定标的之假处分和定暂时状态之假处分。特定标的之假处分，是指债权人就金钱请求以外的请求，欲保全将来之强制执行，请求法院就标的物之给付或其他给付，为必要之处分者；定暂时状态的假处分，是指为防止重大之损害或避免急迫之危险，在必要时，法院申请对争执法律关系的状态进行暂时保护。①

申请条件。假扣押和假处分均可在诉讼尚未系属时提起，但是法院应依债务人声请命令债权人在一定期间内起诉；若其不在一定期间内起诉，则法院可以依申请撤销假扣押与假处分。特定标的假处分包括物的给付行为（积极的给付或者消极不作为），申请的理由是标的现状变更导致日后不能强制执行或难以执行的可能性。定暂时状态假处分针对争议的法律关系，该法律关系具有继续性，申请的理由是为防止发生重大损害或避免紧迫的危险，有暂定法律关系状态的必要。

管辖法院。假扣押假处分由本案管辖法院或者假扣押假处分标的所在地地方法院管辖。本案管辖法院是指受诉的第一审法院，如果诉讼在二审中则本案管辖法院为第二审法院。

程序流程。首先，申请。假扣押与假处分应当递交声请，载明当事人、请求和原因事实以及假扣押假处分的原因、管辖法院。其次，担保。当事人需要对申请原因予以释明，若释明理由不够充分但债权人愿意提供担保或者法院认为需要提供担保，则要求债权人予以担保。当然，如果债权人对请求和保全理由进行了释明，法院仍然可以命令其提供担保。再次，撤销。撤销的原因主要有以下几种：债权人没有在规定的期间内起诉，债务人可以申请法院撤销裁定；假扣押与假处分的原因事实消失或者债权人在本案诉讼中败诉，债务人可以申请撤销裁定；债务人提供担保后申请法院撤销裁定。必须注意的是，因债务人提供担保而申请撤销裁定时，法院应给予债权人陈述意见的机会。最后，抗告。对于假扣押与假处分裁定可以抗告。

执行方式。我国台湾地区假扣押、假处分执行的内容通过《强制执行法》第五章加以规定。对于特定物假处分的裁定，通常是选任管理人管理系争物；或者命令或禁止债务人为一定行为，将裁定送达给债务人；涉及禁止债务人设定转移或变更不动产上权利时，裁定予以公示。

---

① 张宝成：《民事行为保全制度研究》，中国人民大学博士学位论文 2017 年，第 58 页。

第二节 英美法系之禁令制度

一、美国中间禁令制度的历史沿革

美国法中类似于我国行为保全的制度是规定于《联邦民事诉讼规则》第65条的中间禁令制度，该制度是指在案件得到最终解决之前、案情还具有不确定性时，为减轻原告遭受权利被侵犯的风险给予的临时救济，包括预备禁止令（preliminary injunction）和临时限制令（temporary restraining order）。[①]预备禁止令须经过听证才能发出，临时限制令适用于更为紧急的情况，可以不经听证。

二、美国中间禁令制度中的自由裁量

中间禁令在美国救济体系中属于衡平救济。在救济适用等级上，替代性救济优先于具体救济，衡平救济中的最终救济优先于衡平救济中的中间救济。只有在替代性救济、最终具体救济均不能弥补当事人损害的情况下，才能适用中间禁令。[②] 普通法救济表现为替代性救济，衡平法救济则是与实际履行相关的具体救济，包括临时救济。与此同时，法官在中间禁令制度中具有极大的自由裁量权。针对当事人提出的中间禁令请求，法官的自由裁量权表现为，判断是否可以用替代性救济，而不受当事人请求的束缚，即便当事人提出了具体救济请求，法官仍然需要通过自由裁量来判断是否可以适用如损害赔偿。如果无法适用损害赔偿，则需要判断适用的具体救济能否补偿损害。[③]

适用中间禁令制度的个案十分倚重法官，其中中间禁令适用的标准通过"固定要素—灵活权衡"的模式发挥作用。[④] 普适的固定要素包括胜诉的可能性、不可弥补的损害、困难权衡以及公共利益，这些要素主要是为了给法官

---

① 李曼：《行为保全制度的标准构建——以美国法中间禁令制度的衡量标准为参考》，载《烟台大学学报》2016年9月第5期。

② 李曼著：《美国中间禁令制度研究》，社会科学文献出版社2020年版，第9页。

③ 李曼著：《美国中间禁令制度研究》，社会科学文献出版社2020年版，第11页。

④ 李曼著：《美国中间禁令制度研究》，社会科学文献出版社2020年版，第13页。

自由裁量以指引，而非为了限制法官的权利。该模式允许要件灵活作用，灵活体现在要件的证明程度和相互作用模式上，为衡平提供平台。该思路以判例法、独特的文书说理以及衡平自由裁量共同作用形成的利益权衡思维体系为背景。① 虽然标准要素是相对模糊的，但是却在实践中通过判例发展出众多类型的标准来。

三、美国中间禁令制度适用的标准

美国中间禁令的适用标准有固定的要素，为法官自由裁量提供方向，而法官根据内心正义来权衡各种利益。这几个固定的要素是：（1）胜诉可能性（possibility of success on the merits）（2）不可弥补的损害（irreparable injury）（3）困难权衡（balance of hardship）（4）对公共利益的影响（public interest）。②

（一）胜诉可能性

胜诉可能性是一种概率的判断，中间禁令裁判中对胜诉可能性的判断程度不可能像案件适用的通常程序一样，因为申请人和被申请人无法充分开示、举证、质证，因此不能要求法官作出精准的判断。并且胜诉可能性还需要结合其他标准要素一并来评价。由此，胜诉可能性很难通过规则来进行统一规定，而是要交由法官的自由心证。

（二）不可弥补的损害

对不可弥补的损害的含义理解应当与美国救济体系联系，并且在救济等级语境下理解。所谓“不可弥补的损害”，是指经过终局救济或者其他替代救济都不能弥补的损害。不可弥补的损害仍然需要在个案中判断，核心内容包括两个方面：一是损害必须具有紧迫性，实体判决即使胜诉也无法阻止损害的发生和扩大。如果能够在损害发生之前完成审理、可以用金钱或其他救济赔偿原告可能或正在遭受的损害，法院就不必发出禁令。③

（三）困难权衡

困难权衡是在申请人和被申请人之间进行利益衡量，即发出禁令对被申

---

① 李曼：《行为保全制度的标准构建——以美国法中间禁令制度的衡量标准为参考》，载《烟台大学学报》2016 年 9 月第 5 期。

② 李曼著：《美国中间禁令制度研究》，社会科学文献出版社 2020 年版，第 24 页。

③ 李曼著：《美国中间禁令制度研究》，社会科学文献出版社 2020 年版，第 38 页。

请人造成的损害和不发出禁令会给申请人带来的损害之间孰轻孰重。若禁令预防的损害大于禁令造成的损害，则可以发出禁令。

（四）对公共利益的影响

禁令的发出除权衡当事人之间的利益外，还有一个公共利益因素要考虑。但是美国禁令制度最初并没有公共利益因素，而是社会发展到一定阶段时，在司法对社会造成巨大影响的情况下，才开始将公共利益纳入权衡的维度中。虽然在实践中对公共利益有所归类，如一般国家安全利益、社会制度安全利益（政府、婚姻、家庭、宗教制度）、道德方面的利益、自然资源和人力资源方面的利益等，但是有关公共利益的解释还是需要在个案中由法官自行作出。

四、美国中间禁令制度的程序设置

中间禁令程序的设置主要发挥确保自由裁量正当性的功能，即通过程序来对法官自由裁量加以恰当地制约，保障当事人的程序权利，使得结果能够得到当事人的认同。在设计程序时会有一些基本的要求需要满足，如确保法官中立、当事人平等、程序透明等，这些都是程序保障的要义。具体而言，证明是否需要，考虑的是被申请人的利益，法院需要查明事实，防止申请人提出的申请会极大损害被申请人。另外，担保的设置是为了预防被申请人遭受错误命令的损害，通过该程序设置给与申请人利益权衡以防止滥用权利。同时，还应当考虑命令作出后的救济，为了提高命令的受认同程度，也为了监督法官的自由裁量，要设置救济制度。

（一）通知与听证

《联邦民事诉讼规则》第65条（a）（1）规定："法院只有在通知对方的情况下才能发出预备禁令。"美国判例认为该规则并非必须遵守，但是通知在预备禁令程序中非常必要，因为该程序设置体现了当事人程序权利的保障。禁令发出必须给付被申请人平等的反对机会，使其有机会能够进行相应准备去反驳禁令的发出。但是第65条（a）（1）并没有具体规定通知的对象和通知的方式，通知是否适当仍然作为法院裁量事项。如果没有得到适当的通知，禁令将会被推翻。但是临时限制令在通知环节可以有所变通，即可以通过宣誓等方式来申请单方禁令。因为临时限制令通常要求情况更为紧迫，对效率有更高的需求，如果不发出禁令则将发生不可弥补的损害。比如，在商标权案件和著作权案件中，禁令如果通知对方则可能难以达到禁令的效果，这种情况是可以不通知对方的，但是申请必须有更严格的证明。并且这种不通知的单方禁令通常期限不会很长，并且限制的范围也有限。

听证是为了保证禁令作出的公正性，通过听取口头证言可以给被申请人机会对禁令予以回应。但是《联邦民事诉讼规则》并没有对中间禁令作出进行听证作强制性规定，是否听证是法院自由裁量的事项。临时禁令一般不听证，因为临时禁令只是在有限的范围和时间内对现状加以维持，针对非常紧急的情况作出。预备禁令或者临时禁令转成预备禁令则要听证，听证针对是否存在不可弥补的损害进行。

（二）证明

申请人向法院申请中间禁令需要向法院作出确认事实的行为，虽然最终法院是否发出禁令是自由裁量事项，但由于法院对中间禁令持谨慎态度，因此当事人为了获得中间禁令命令，会对其所主张的事实予以证明。证明的方式是验证，第 65 条（b）规定了两种验证方法：通过起诉状中的验证以及通过单独的宣誓。①

中间禁令证明标准相比案件审理程序中的证明标准更低。

（三）救济

美国的上诉审查属于有限审查，上诉资料、审查范围等均受到明显的限制。但即便是这种对上诉成本严格控制的司法环境，也承认给中间禁令设置上诉的必要性。②

（四）执行

禁令命令作出后还需要执行加以落实，如何执行中间禁令取决于法官作出的命令内容和法官自由裁量作出的违反禁令时的强制措施。③《联邦民事诉讼规则》第 70 条针对行为履行作出规定，如果法官命令当事人交付土地、文书或者其他文件或执行其他某个具体的行为时，当事人没有在法官规定的期限内履行上述的给付义务，法官可以命令由其他指定的人来完成上述行为，但是费用由当事人来承担，并且由他人代替完成的行为具有与当事人自己完成同等的效力。另外，为了保障执行，法官还可以对不服从命令的人处以施

---

① 李曼著：《美国中间禁令制度研究》，社会科学文献出版社 2020 年版，第 83 页。
② 李曼著：《美国中间禁令制度研究》，社会科学文献出版社 2020 年版，第 95 页。
③ 李曼著：《美国中间禁令制度研究》，社会科学文献出版社 2020 年版，第 98 页。

加包括罚款、拘留或者其他形式的处罚，目的都是执行禁令内容。法官也可以对当事人以外的第三人处以藐视法庭之罪，这样可以防止被申请人利用第三人的行为变相违背禁令。

五、担保与反担保

（一）担保

《联邦民事诉讼规则》第65条（c）用的是“security”，规定的是中间禁令中的担保制度。根据该条文规定，临时限制令或者预备禁令的发出以提供担保为前提，提供担保的数额与当事人因禁令错误所受到的损失或者可能遭受的损失相当。美利坚合众国官员以及机构无须提供担保。担保的设置目的是在申请人和被申请人之间建立平衡，因为禁令能够迅速保护申请人请求保护的权利，但同时也会给被申请人带来限制，可能使其错误地遭受损害。

因此担保制度的主要功能就是减少禁令的损害，虽然禁令标准的适用也有减少损害的功能，但是根据禁令程序的设置可知，中间禁令的发出特别是临时限制令，通常不需要听证，因此被申请人没有陈述意见的机会，且对申请人而言，证明标准是比较宽松的，因此禁令标准的功能发挥具有一定局限性。

利益权衡的原则决定，中间禁令担保制度不可能过分限制申请人申请禁令的权利，也不会无视被申请人的权利，而是需要在双方之间权衡，找到一个平衡点。比如，申请人考虑到担保的数额、诉讼胜诉的可能性以及不申请禁令将可能遭受到的损失等因素后，决定是否申请禁令。如果被认定为禁令是错误的，其所提供的担保无法收回而遭受损失，但如果不申请禁令又极有可能发生不可弥补的损害。通过总结判例可以看出，判例中无须提供担保的情形有：（1）被告是市政厅或者郡级政府等政府机构时，由于执行中间禁令不会产生被告难以支付的费用或会对被告造成巨大损失，担保就不是强制性的；（2）申请人的财力不足以支付担保；（3）担保会严重影响当事人提起诉讼的动力，从而影响重要个人权利和公共利益保护；（4）发出中间禁令不会对被申请人造成金钱损失；（5）申请人的胜诉可能性十分大；（6）申请人财产状况良好，完全能够弥补被告的损失；（7）被申请人没有要求担保。①

---

① 李曼著：《美国中间禁令制度研究》，社会科学文献出版社2020年版，第103页。

（二）反担保

反担保在禁令中不是必须的，是法官权衡申请人和被申请人利益的一种方式，实践中应用并不是普遍的。有时反担保不仅能够保护被申请人的利益，同样也是对申请人的保护。比如，中间禁令要求被告履行合同，但是合同履行会导致被告破产，因此即便原告最终胜诉，但会因为被申请人的破产而导致无法履行，由此给原告带来损失。此时在禁令中如果允许被告提供反担保，可以防止被告破产而对原告起到保障作用。①

第三节　我国民事行为保全制度与域外制度比较借鉴

一、域外禁令制度与假处分制度的共同之处

（一）制度功能相同

英美法系禁令制度与大陆法系假处分制度虽然在称谓和制度具体内容上均有诸多不同，但是禁令制度和假处分制度的制度功能基本相同，即都是为了避免当事人特别是申请人遭受不可弥补的损害。从大陆法系国家和地区规范假处分制度的法律条文来看，假处分还有保障判决执行的功能，然而，美国《联邦民事诉讼规则》第 65 条并未凸显出该功能。

（二）制度性质相同

中间禁令和假处分都属于紧急情况下的临时救济机制，法院作出裁定或者命令的效力具有临时性而非终局性，不对案件实体法律关系和争议事实进行实质审理并进行终局裁判。虽然不经过实质审理程序，中间禁令和假处分裁定均被赋予了强制执行力，当事人不履行义务可由法院强制执行。

（三）价值取向相同

从美国中间禁令规则和德国、日本假处分的制度规定来看，中间禁令和假处分制度遵循的价值具有一致性，即兼顾效率和公正价值。由于禁令和假处分的紧迫性和临时性，法官在发出命令或者作出裁定时首先要考量的是效

① 李曼著：《美国中间禁令制度研究》，社会科学文献出版社 2020 年版，第 109 页。

率，为了防止不可弥补的损害发生或者保障判决执行，必须迅速作出判断以确定是否进行临时救济。因此在制度设置上，禁令和假处分都没有要求必须经过对席审理，而是可以通过审询或者听证的方式听取当事人的意见。申请人对于申请禁令或者假处分的证明标准相较本案诉讼请求的证明而言是更低的，不需要达到高度盖然或者优势证据的程度。法官作出裁定或者命令的期限通常也有一定要求，不能过于拖延，否则会导致无法实现禁令或假处分制度的功能。被申请人的救济相对通常程序更为快捷，虽然也有抗告或者上诉的设置，但是受到一定限制；对于假处分大陆法系国家和地区规定了相应的撤销规则和解除规则，程序要求更为简单。

从各国制度规定来看，禁令和假处分制度同样十分关注公正价值与效率价值的平衡，在侧重效率的同时兼顾公正的实现。美国禁令在各个程序环节都注意到了公正与效率的权衡：首先，中间禁令发出的普适标准意在给法官发出的命令以指引，因此当事人申请禁令应当具有正当性，而不至于将他人无故拉入到某种不利的境地中来。其次，通知、听证的程序环节，是为了给被申请人提供平等的程序保障，使其有机会向法官表达意见。虽然禁令非常重视效率，但仍然没有因此剥夺当事人的知情权和表达权。最后，担保的设置也体现了公正价值，在申请人不获得禁令支持可能受损的利益与被申请人被执行禁令可能遭受的损害之间进行权衡，以担保的方式来制衡双方，同时也保障双方权益。大陆法系国家和地区假处分同样体现出对公正价值的重视：申请人必须在提交申请时载明理由，法官作出假处分应当审查理由是否成立。同时假处分也需要提供担保，虽然最终对于是否作出裁定法官有裁量权，但在制度上担保对于假处分申请也是非常重要的。被申请人被赋予了异议权，可以撤销法院作出的假处分。

（四）法官均有自由裁量权

美国禁令制度中法官自由裁量权无处不在，《联邦民事诉讼规则》第 65 条的规定是非常笼统的，该条文之下有关禁令的标准以及具体的规则都在判例中发展。法官具有较大的自由裁量权，虽然适用标准有固定的要素，但在具体个案中更多还是采取要素与法官灵活权衡相结合的模式。法官除了对普适的标准具有自由裁量权，在证据资格、证明、担保与反担保等各个环节都具有较大的裁量权。

大陆法系具有成文法传统，假扣押与假处分均通过成文法典的方式形成具体的制度规则，其规定相较美国而言更细致化、体系化。但是德国、日本等地的假扣押与假处分制度中亦赋予了法官一定的自由裁量权。例如，申请人申请假处分的理由是否充分，假处分是否具有必要性，申请人是否应提供担保以及担保的数额等均由法官判断。

二、域外制度对我国民事行为保全制度的启发

民事行为保全制度的发展历程不长，且从历史沿革来看，该制度的确立系从实务中催生萌芽，并零星散落在知识产权等几个特殊的领域。虽然 2012 年《民事诉讼法》修改在保全条款中加入了行为保全的内容，但是该制度运行 10 年以来，在适用过程中暴露出了制度本身的局限以及带给司法实务的疑难困惑。本书梳理大陆法系国家和地区假处分制度和美国中间禁令制度，意在从域外制度中吸收可以借鉴的内容，为我国完善民事行为保全制度提供相关启示。

大陆法系国家和地区保全体系比较完整，适用范围规定明确，针对金钱请求的执行保障适用假扣押，针对非金钱给付请求则适用假处分。同时假处分制度适用范围亦有区分，即分为对特定标的之假处分和定暂时状态之假处分。而美国中间禁令没有像成文法国家一样在条款中对范围进行明确，能否发出禁令命令主要取决于个案中法官的自由裁量。民事行为保全最初在知识产权、海商事领域通过诉前禁令制度得以体现，2012 年纳入民事诉讼法民事保全体系后亦未明确民事行为保全可以适用的范围。从法条目前的表述来看，“人民法院对于可能因当事人一方的行为或者其他原因，使判决难以执行或者造成当事人其他损害的案件”或者“利害关系人因情况紧急，不立即申请保全将会使其合法权益受到难以弥补的损害的”，可以申请财产保全。适用的案件类型以及诉讼类型在该法条中均难以找到规范依据。民事行为保全制度的完善可以借鉴大陆法系国家和地区对假处分适用范围的规定，将行为保全适用范围予以分类。虽然不能完全参照美国的禁令制度，但可以借鉴其保护当事人权益的精神，适当扩大行为保全适用范围。

我国《民事诉讼法》规定人民法院裁定行为保全时适用的条件是比较笼统的，对于“使判决难以执行或者造成当事人其他损害”或者“使其合法权益受到难以弥补的损害的”没有进一步明确细致的规定。虽然《最高人民法院关于审查知识产权纠纷行为保全案件适用法律若干问题的规定》法释

〔2018〕21 号）就“情况紧急”和“难以弥补的损害”专门进行了解释，但是该司法解释适用范围有限，仅针对知识产权与不正当竞争纠纷行为保全案件，不能普遍适用于其他民商事案件中。民事行为保全制度完善可以在适用条件或者行为保全的衡量标准上借鉴美国禁令中的普适标准，对几个标准要素作进一步的解释和类型化梳理。

大陆法系国家和地区在法典中对假扣押、假处分程序作出系统规定，包括申请、审查、担保、裁判、救济和执行内容。美国中间禁令制度中通过程序设置来恰当地制约法官的自由裁量权。民事行为保全在民事诉讼法上仅有两个条文的内容，具体有关行为保全的申请、裁判、担保、救济和执行在诉讼法中缺乏系统的规定，这也给实务中法官在裁量是否准予行为保全以及当事人在程序中的程序权利保障带来了障碍。完善民事行为保全制度可以从大陆法系国家和地区假处分制度和美国中间禁令制度的程序设置中吸收可以借鉴的内容。

第三章　民事行为保全的立法现状及问题

第一节　民事行为保全的立法现状

一、民事行为保全的主要规范

（一）法律关于民事行为保全的规定

《中华人民共和国民事诉讼法》（2021 年修正）第一百零三条规定："人民法院对于可能因当事人一方的行为或者其他原因，使判决难以执行或者造成当事人其他损害的案件，根据对方当事人的申请，可以裁定对其财产进行保全、责令其作出一定行为或者禁止其作出一定行为；当事人没有提出申请的，人民法院在必要时也可以裁定采取保全措施。人民法院采取保全措施，可以责令申请人提供担保，申请人不提供担保的，裁定驳回申请。人民法院接受申请后，对情况紧急的，必须在四十八小时内作出裁定；裁定采取保全措施的，应当立即开始执行。"

第一百零四条规定："利害关系人因情况紧急，不立即申请保全将会使其合法权益受到难以弥补的损害的，可以在提起诉讼或者申请仲裁前向被保全财产所在地、被申请人住所地或者对案件有管辖权的人民法院申请采取保全措施。申请人应当提供担保，不提供担保的，裁定驳回申请。人民法院接受申请后，必须在四十八小时内作出裁定；裁定采取保全措施的，应当立即开始执行。申请人在人民法院采取保全措施后三十日内不依法提起诉讼或者申请仲裁的，人民法院应当解除保全。"

《中华人民共和国著作权法》（2020 年修正）第五十六条规定，"著作权人或者与著作权有关的权利人有证据证明他人正在实施或者即将实施侵犯其权利、妨碍其实现权利的行为，如不及时制止将会使其合法权益受到难以弥补的损害的，可以在起诉前依法向人民法院申请采取财产保全、责令作出一定行为或者禁止作出一定行为等措施。”

《中华人民共和国专利法》（2020 年修正）第七十二条规定：“专利权人或者利害关系人有证据证明他人正在实施或者即将实施侵犯专利权、妨碍其实现权利的行为，如不及时制止将会使其合法权益受到难以弥补的损害的，可以在起诉前依法向人民法院申请采取财产保全、责令作出一定行为或者禁止作出一定行为的措施。”

《中华人民共和国商标法》（2019 年修正）第六十五条规定：“商标注册人或者利害关系人有证据证明他人正在实施或者即将实施侵犯其注册商标专用权的行为，如不及时制止将会使其合法权益受到难以弥补的损害的，可以依法在起诉前向人民法院申请采取责令停止有关行为和财产保全的措施。”

《中华人民共和国海事诉讼特别程序法》第五十一条规定：“海事强制令是指海事法院根据海事请求人的申请，为使其合法权益免受侵害，责令被请求人作为或者不作为的强制措施。”

《反家庭暴力法》专章规定了“人身安全保护令”制度。

1. 申请主体。当事人因遭受家庭暴力或者面临家庭暴力的现实危险，向人民法院申请人身安全保护令的，人民法院应当受理。当事人是无民事行为能力人、限制民事行为能力人，或者因受到强制、威吓等原因无法申请人身安全保护令的，其近亲属、公安机关、妇女联合会、居民委员会、村民委员会、救助管理机构可以代为申请。

2. 申请条件。申请人身安全保护令应当以书面方式提出；书面申请确有困难的，可以口头申请，由人民法院记入笔录。作出人身安全保护令应当具备一定条件：有明确的被申请人；有具体的请求；有遭受家庭暴力或者面临家庭暴力现实危险的情形。

3. 管辖法院。人身安全保护令案件由申请人或者被申请人居住地、家庭暴力发生地的基层人民法院管辖。

4. 法院裁判。人民法院受理申请后，应当在七十二小时内作出人身安全保护令或者驳回申请；情况紧急的，应当在二十四小时内作出。

5. 保全执行。人身安全保护令由人民法院执行，公安机关以及居民委员会、村民委员会协助执行。人身安全保护令可以采取以下措施：（1）禁止被申请人实施家庭暴力；（2）禁止被申请人骚扰、跟踪、接触申请人及其相关近亲属；（3）责令被申请人迁出申请人住所；（4）保护申请人人身安全的其他措施。

6. 保全救济。申请人对驳回申请不服或者被申请人对人身安全保护令不服的，可以自裁定生效之日起五日内向作出裁定的人民法院申请复议一次。人民法院依法作出人身安全保护令的，复议期间不停止人身安全保护令的执行。

《民法典》第九百九十七条规定，民事主体有证据证明行为人正在实施或者即将实施侵害其人格权的违法行为，不及时制止将使其合法权益受到难以弥补的损害的，有权依法向人民法院申请采取责令行为人停止有关行为的措施。

（二）司法解释关于民事行为保全的规定

1.《最高人民法院关于对诉前停止侵权行为适用法律问题的若干规定》（法释〔2001〕20号）

第一条　根据专利法第六十一条的规定，专利权人或者利害关系人可以向人民法院提出诉前责令被申请人停止侵犯专利权行为的申请。

提出申请的利害关系人，包括专利实施许可合同的被许可人、专利财产权利的合法继承人等。专利实施许可合同被许可人中，独占实施许可合同的被许可人可以单独向人民法院提出申请；排他实施许可合同的被许可人在专利权人不申请的情况下，可以提出申请。

第三条　专利权人或者利害关系人向人民法院提出申请，应当递交书面申请状；申请状应当载明当事人及其基本情况、申请的具体内容、范围和理由等事项。申请的理由包括有关行为如不及时制止会使申请人合法权益受到难以弥补的损害的具体说明。

第十一条　人民法院对当事人提出的复议申请应当从以下方面进行审查：

（一）被申请人正在实施或即将实施的行为是否构成侵犯专利权；

（二）不采取有关措施，是否会给申请人合法权益造成难以弥补的损害；

（三）申请人提供担保的情况；

（四）责令被申请人停止有关行为是否损害社会公共利益。

2. 2018年11月26日最高人民法院审判委员会第1755次会议通过《最高人民法院关于审查知识产权纠纷行为保全案件适用法律若干问题的规定》（法释〔2018〕21号）

（1）申请主体。知识产权许可合同的被许可人申请诉前责令停止侵害知识产权行为的，独占许可合同的被许可人可以单独向人民法院提出申请；排他许可合同的被许可人在权利人不申请的情况下，可以单独提出申请；普通许可合同的被许可人经权利人明确授权以自己的名义起诉的，可以单独提出申请。

（2）管辖法院。申请诉前行为保全，应当向被申请人住所地具有相应知识产权纠纷管辖权的人民法院或者对案件具有管辖权的人民法院提出。当事人约定仲裁的，应当向前款规定的人民法院申请行为保全。

（3）申请条件。向人民法院申请行为保全，应当递交申请书和相应证据。申请中应当说明申请所依据的事实、理由，包括被申请人的行为将会使申请人的合法权益受到难以弥补的损害或者造成案件裁决难以执行等损害的具体说明。同时申请还要载明为行为保全提供担保的财产信息或资信证明，如果不提供担保也须说明不需要提供担保的理由。

（4）法院裁判。人民法院裁定采取行为保全措施前，应当询问申请人和被申请人，但因情况紧急或者询问可能影响保全措施执行等情形除外。

《民事诉讼法》（2017 年修正）第一百条、第一百零一条规定的“情况紧急”是指：①申请人的商业秘密即将被非法披露；②申请人的发表权、隐私权等人身权利即将受到侵害；③诉争的知识产权即将被非法处分；④申请人的知识产权在展销会等时效性较强的场合正在或者即将受到侵害；⑤时效性较强的热播节目正在或者即将受到侵害；⑥其他需要立即采取行为保全措施的情况。

人民法院审查行为保全申请，应当综合考量下列因素：①申请人的请求是否具有事实基础和法律依据，包括请求保护的知识产权效力是否稳定；②不采取行为保全措施是否会使申请人的合法权益受到难以弥补的损害或者造成案件裁决难以执行等损害；③不采取行为保全措施对申请人造成的损害是否超过采取行为保全措施对被申请人造成的损害；④采取行为保全措施是否损害社会公共利益；⑤其他应当考量的因素。

《民事诉讼法》（2017 年修正）第一百零一条规定的“难以弥补的损害”是指：①被申请人的行为将会侵害申请人享有的商誉或者发表权、隐私权等人身性质的权利且造成无法挽回的损害；②被申请人的行为将会导致侵权行为难以控制且显著增加申请人损害；③被申请人的侵害行为将会导致申请人的相关市场份额明显减少；④对申请人造成其他难以弥补的损害。

（5）保全担保。申请人申请行为保全的，应当依法提供担保。申请人提供的担保数额，应当相当于被申请人可能因执行行为保全措施所遭受的损失，包括责令停止侵权行为所涉产品的销售收益、保管费用等合理损失。在执行行为保全措施过程中，被申请人可能因此遭受的损失超过申请人担保数额的，人民法院可以责令申请人追加相应的担保。申请人拒不追加的，可以裁定解除或者部分解除保全措施。

人民法院采取的行为保全措施，一般不因被申请人提供担保而解除，但是申请人同意的除外。人民法院裁定采取行为保全措施的，应当根据申请人的请求或者案件具体情况等因素合理确定保全措施的期限。

人民法院裁定采取行为保全措施的，应当根据申请人的请求或者案件具体情况等因素合理确定保全措施的期限。

（6）保全执行。人民法院采取行为保全的方法和措施，依照执行程序相关规定处理。

（7）保全救济。当事人不服行为保全裁定申请复议的，人民法院应当在收到复议申请后十日内审查并作出裁定。

3. 最高人民法院印发《关于审理涉电子商务平台知识产权民事案件的指导意见》的通知（法发〔2020〕32 号）

九、因情况紧急，电子商务平台经营者不立即采取商品下架等措施将会使其合法利益受到难以弥补的损害的，知识产权权利人可以依据《中华人民共和国民事诉讼法》第一百条、第一百零一条的规定，向人民法院申请采取保全措施。

因情况紧急，电子商务平台经营者不立即恢复商品链接、通知人不立即撤回通知或者停止发送通知等行为将会使其合法利益受到难以弥补的损害的，平台内经营者可以依据前款所述法律规定，向人民法院申请采取保全措施。

知识产权权利人、平台内经营者的申请符合法律规定的，人民法院应当依法予以支持。

4.《最高人民法院关于审理侵犯商业秘密民事案件适用法律若干问题的规定》（法释〔2020〕7 号）

第十五条　被申请人试图或者已经以不正当手段获取、披露、使用或者允许他人使用权利人所主张的商业秘密，不采取行为保全措施会使判决难以执行或者造成当事人其他损害，或者将会使权利人的合法权益受到难以弥补的损害的，人民法院可以依法裁定采取行为保全措施。

前款规定的情形属于民事诉讼法第一百条、第一百零一条所称情况紧急的，人民法院应当在四十八小时内作出裁定。

5.《最高人民法院关于生态环境侵权案件适用禁止令保全措施的若干规定》（法释〔2021〕22号）

（1）申请主体。因污染环境、破坏生态行为受到损害的自然人、法人或者非法人组织，以及民法典第一千二百三十四条、第一千二百三十五条规定的“国家规定的机关或者法律规定的组织”，可以向人民法院申请作出禁止令。

（2）管辖法院。申请人提起生态环境侵权诉讼时或者诉讼过程中，向人民法院申请作出禁止令的，人民法院应当在接受申请后五日内裁定是否准予。情况紧急的，人民法院应当在接受申请后四十八小时内作出。

因情况紧急，申请人可在提起诉讼前向污染环境、破坏生态行为实施地、损害结果发生地或者被申请人住所地等对案件有管辖权的人民法院申请作出禁止令，人民法院应当在接受申请后四十八小时内裁定是否准予。

（3）申请条件。申请人以被申请人正在实施或者即将实施污染环境、破坏生态行为，不及时制止将使申请人合法权益或者生态环境受到难以弥补的损害为由向人民法院申请采取禁止令保全措施，责令被申请人立即停止一定行为的，人民法院应予受理。

（4）法院裁判。被申请人污染环境、破坏生态行为具有现实而紧迫的重大风险，如不及时制止将对申请人合法权益或者生态环境造成难以弥补损害的，人民法院应当综合考量以下因素决定是否作出禁止令：①被申请人污染环境、破坏生态行为被行政主管机关依法处理后仍继续实施；②被申请人污染环境、破坏生态行为对申请人合法权益或者生态环境造成的损害超过禁止被申请人一定行为对其合法权益造成的损害；③禁止被申请人一定行为对国家利益、社会公共利益或者他人合法权益产生的不利影响；④其他应当考量的因素。

（5）保全担保。申请人在提起诉讼时或者诉讼过程中申请禁止令的，人民法院可以责令申请人提供担保，不提供担保的，裁定驳回申请。

申请人提起诉讼前申请禁止令的，人民法院应当责令申请人提供担保，不提供担保的，裁定驳回申请。

（6）其他规定。申请人在人民法院作出诉前禁止令后三十日内不依法提起诉讼的，人民法院应当在三十日届满后五日内裁定解除禁止令。

6.《最高人民法院关于适用〈中华人民共和国民事诉讼法〉的解释（2022修正）》（法释〔2022〕11号）

第一百五十二条　人民法院依照民事诉讼法第一百零三条、第一百零四条规定，在采取诉前保全、诉讼保全措施时，责令利害关系人或者当事人提供担保的，应当书面通知。

利害关系人申请诉前保全的，应当提供担保。申请诉前财产保全的，应当提供相当于请求保全数额的担保；情况特殊的，人民法院可以酌情处理。申请诉前行为保全的，担保的数额由人民法院根据案件的具体情况决定。

在诉讼中，人民法院依申请或者依职权采取保全措施的，应当根据案件的具体情况，决定当事人是否应当提供担保以及担保的数额。

二、民事行为保全的制度内容

（一）民事行为保全申请主体

根据上述有关民事行为保全的规定，民事行为保全申请主体在《民事诉讼法》中的表述为“对方当事人”以及“利害关系人”，除此之外人民法院可以依职权进行保全。在《著作权法》《商标法》《专利法》《中华人民共和国海事诉讼特别程序法》以及《反家庭暴力法》等实体法中的表述为“著作权人或者与著作权有关的权利人”“专利权人或者利害关系人”“商标注册人或者利害关系人”“海事请求人”“遭受家庭暴力或者面临家庭暴力现实危险的当事人”“人格权正在遭受或即将遭受侵害的民事主体”。《最高人民法院关于对诉前停止侵权行为适用法律问题的若干规定》指出提出申请的利害关系人，包括专利实施许可合同的被许可人、专利财产权利的合法继承人等。专利实施许可合同被许可人中，独占实施许可合同的被许可人可以单独向人民法院提出申请；排他实施许可合同的被许可人在专利权人不申请的情况下，可以提出申请。

因此总体上，民事行为保全申请主体有三类：当事人、利害关系人和法院。其中当事人是针对诉讼中的行为保全，有关主体已经在程序法上获得了程序主体地位；利害关系人是在诉前向法院申请行为保全的主体，实体上和相关司法解释对“利害关系人”的范围进行了概括；而法院作为民事行为保全主体是我国比较独有的规定，存在“必要”的情形时法院在诉讼中可依职权采取保全措施。

（二）管辖法院

根据《民事诉讼法》的规定，诉讼中的保全由本案受理法院管辖，诉前保全由被保全财产所在地、被申请人住所地或者对案件有管辖权的人民法院管辖。《最高人民法院关于审查知识产权纠纷行为保全案件适用法律若干问题的规定》规定申请诉前行为保全，应当向被申请人住所地具有相应知识产权纠纷管辖权的人民法院或者对案件具有管辖权的人民法院提出申请。人身安全保护令则由申请人或者被申请人居住地、家庭暴力发生地的基层人民法院管辖。《最高人民法院关于对诉前停止侵权行为适用法律问题的若干规定》明确规定，诉前责令停止侵犯专利权行为的申请，应当向有专利侵权案件管辖权的人民法院提出。

（三）申请条件

向人民法院申请行为保全必须提交保全申请书，其中申请书中必须载明当事人及其基本情况、申请的具体内容、范围和理由等事项，其中理由就是指行为保全的实质条件，即不立即采取行为保全措施将使合法权益受到难以弥补的损害的说明。对于实质要件，当事人需要提交证据加以证明。《最高人民法院关于对诉前停止侵权行为适用法律问题的若干规定》第四条规定，申请人提出行为保全申请时，应当提交下列证据：（一）专利权人应当提交证明其专利权真实有效的文件，包括专利证书、权利要求书、说明书、专利年费交纳凭证。提出的申请涉及实用新型专利的，申请人应当提交国务院专利行政部门出具的检索报告。（二）利害关系人应当提供有关专利实施许可合同及其在国务院专利行政部门备案的证明材料，未经备案的应当提交专利权人的证明，或者证明其享有权利的其他证据。（三）提交证明被申请人正在实施或者即将实施侵犯其专利权的行为的证据，包括被控侵权产品以及专利技术与被控侵权产品技术特征对比材料等。

第二节 民事行为保全申请主体不确定

一、"当事人"范围不确定

从前述规范来看，当事人无论在诉前还是诉讼中均有权申请行为保全。但是法条和有关司法解释并未进一步规定有权申请行为保全的"当事人"的类型和范围。《著作权法》《商标法》《专利法》等实体法规定申请主体为"权利人"或者"利害关系人"，通常以原告身份准备起诉或者在诉讼中被列为原告。然而，在我国民事诉讼法基本理论中，当事人的范畴还包括除原告之外的被告、有独立请求权第三人、无独立请求权第三人、共同诉讼人、诉讼代表人类型。在制度未予以明确时，诉讼中可能会产生上述主体是否有申请行为保全资格的问题。

在理论上，就被告、有独立请求权第三人、无独立请求权第三人是否有权提起行为保全申请尚存在争议。对于诉讼中的行为保全，对方当事人有权申请行为保全，"对方当事人"是否仅指原告，立法未予明确。对此有观点认为，"申请人必须具备请求的资格，已起诉的，应为本案的原告或有独立请求权的第三人，未起诉的，应为案件的准诉讼主体。"① 原告能够成为行为保全的申请主体在此不需过多讨论，因为原告是请求法院对其实体权利进行保护的一方，正因其民事权利遭受了或者正在遭受侵害，所以有寻求司法保护的必要，基于权利保护需要，其自然能够成为行为保全的申请主体。

被告是否能成为行为保全的申请主体则有待讨论。通常被告是被被动拉入到诉讼中的一方，与原告不同，被告并非实体权利遭受侵害的一方，从这个层面上而言，被告一般不能成为行为保全时申请主体。但是我们需要考虑到复杂的诉讼类型，如在反诉情形中，被告即成为反诉中的原告，此时本诉中的被告在反诉中拥有原告的诉讼地位，应当赋予其提起行为保全申请的权利。又如，在确认不侵权之诉中，被控侵权人起诉法院请求确认不侵权，而

① 隋秀娟：《比较法视野中的诉讼行为保全制度的研究》，载《淮北职业技术学院学报》2010 年第 2 期。

知识产权权利人此时作为被告的地位，其实体权利存在保护的必要。

有独立请求权第三人是指在他人已经开始的诉讼中，以本诉的原被告作为被告，提出独立诉讼请求的主体。有独立请求权第三人对他人正在争议的诉讼标的有独立的请求权，其诉讼地位等同于原告，基于权利保护的必要，有独立请求权第三人也应能够申请行为保全。无独立请求权第三人对正在争议的诉讼标的无独立的请求权，但是与案件审理结果有法律上的利害关系。在我国，无独立请求权第三人通常是辅助角色，也有一些案件中相当于被告，由于其不享有诉权、不能独立提出诉讼请求，因此缺乏行为保全保护的正当性和必要性。

二、利害关系人

目前立法规定的可以申请行为保全的“利害关系人”主要存在于知识产权领域，通过知识产权相关司法解释对“利害关系人”的范围予以明确，但是疑问在于司法解释中列明之外的主体可否纳入“利害关系人”的范围？知识产权立法和司法解释中规定的“利害关系人”无法普遍适用到其他民商事领域，而民事诉讼法对“利害关系人”的界定本身存在模糊，学界亦没有统一的说法，因此第一百零一条的“利害关系人”难以明确。正如有些学者所言，对“利害关系人”概念的理解直接关系到民事诉讼当事人资格的生成和诉权的行使，这关系到民事审判权作用的范围[①]，因此行为保全制度中作为行为保全申请主体之一的“利害关系人”，尚需在理论、立法和实践中予以明确。

三、人民法院

我国《民事诉讼法》规定，当事人没有提出申请的，人民法院在必要时也可以裁定采取保全措施。通过对德国、日本假扣押与假处分制度的梳理以及对美国中间禁令相关原则和规则的梳理发现，假处分与中间禁令的发布以当事人申请为前提，没有关于法院依职权主动采取保全的规定。我国民事诉讼法在保全制度中保留人民法院主动依职权启动程序的规定，主要因为我国

---

① 李喜莲：《民事诉讼法上的“利害关系人”之界定》，载《法律科学》（西北政法大学学报），2012 年第 1 期。

并未完全实行当事人主义，在民事诉讼程序中保留了不少职权主义的色彩。反对者认为，“应当取消法院依职权启动保全的规定。处分原则要求民事诉讼程序的启动应当由当事人自行决定，正当程序要求法院保持中立，给双方当事人均等的诉讼机会以及同样的信息沟通与传达。因此，法院或者法官不能主动启动民事诉讼程序，也不能站在一方立场上纯粹为其利益考虑。从功能来看，保全是实现债权人私权利的保障措施，而不是强制措施，应由当事人对案件事实权衡利弊的基础上自由选择。从大陆法系立法体系来看，可以免除法官的责任，提高诉讼效率”。①

第三节　民事行为保全适用范围不明确

一、适用的案件范围不明确

美国中间禁令适用的案件范围非常广泛，包括反托拉斯案件、宪法权利案件、著作权纠纷、商标纠纷案件、专利案件、环境纠纷案件和证券纠纷案件等。② 德国假处分适用范围包括建筑物相邻权、地役权的行使和出租人质押权的行使等案件。例如，调整地产邻居越界、调整承租人擅自改建、暂时禁止载重启程通行某一地产、禁止出租人将承租人提供的汽车用于经营目的、禁止进入营业场所、禁止审阅营业报表、禁止举行股东大会或实施业已作出的决定等。③ 扩大我国行为保全的适用范围，行为之债都可以作为申请行为保全的基础。④ 并且大陆法系假处分制度适用类型在理论上和立法上均有明确的分类，即针对特定物给付保全和定暂时充分的保全，对于可适用行为保全的案件范围有所指引。

从立法来看，我国行为保全主要适用的案件类型为知识产权案件和海事诉讼案件，虽然2012年《民事诉讼法》修正后并未将案件范围限定在上述特殊的案件类型中，但民事行为保全的立法以知识产权和海事诉讼为根源，因

① 黄文艺：《比较法视域下我国民事保全制度的修改与完善》，载《比较法研究》2012年第5期。
② 陈莹：《我国行为保全制度的建构》，载《厦门大学法律评论》2006年第6期。
③ 陈莹：《我国行为保全制度的建构》，载《厦门大学法律评论》2006年第6期。
④ 陈莹：《我国行为保全制度的建构》，载《厦门大学法律评论》2006年第6期。

此在《民事诉讼法》未明确案件范围的背景下，其他类型案件适用民事行为保全在实践中仍然受到一定限制。在裁判文书网上输入“保全”“行为保全”“禁令”等关键词后，不难发现，行为保全多运用于知识产权案件中，而在传统民事案件和婚姻家庭案件等同样对行为保全有需求的案件类型中，则鲜有行为保全案例。例如，相邻权纠纷、租赁纠纷、离婚纠纷等案由下行为保全案例数量十分有限。

在《反家庭暴力法》实施前，人身保护令功能通过《民事诉讼法》中的行为保全制度实现；实施后，该制度具有了自己独立和特殊的价值。2012 年《民事诉讼法》修改时，最高人民法院民事诉讼法修改研究小组对增设行为保全条款的立法背景进行分析，认为增设行为保全制度的一个重要原因是部分家事诉讼纠纷对于行为保全措施具有迫切的需要，如在家庭暴力案件或抚养权纠纷案件中，就存在需要限制一方行为或者要求一方为一定行为的需求。

然而学界和实务中对人身安全保护令的性质仍有争议，由此影响行为保全制度适用案件范围的确定。部分学者认为人身安全保护令不是行为保全，有独立的程序价值。“人身安全保护令与行为保全虽然在价值目的和适用形式上具有一般制度共性，但仍有区别，是一般法与特别法的关系。人身安全保护令有更大的程序独立空间，不要求财产担保，在特殊规定存在空白时才有适用行为保全的一般规定和法律程序”。[①] 具体而言，人身安全保护令与行为保全的不同之处在于，行为保全申请以本案诉讼为依托，具有一定的附属性，或者在诉讼中申请行为保全，或者诉前申请亦以起诉为条件；而人身安全保护令则不以起诉离婚或者不以已经存在离婚诉讼为条件。行为保全通常需要提供担保，而人身安全保护令不需要提供担保。并且行为保全的最终法律效果与判决结果相依附。行为保全的效力与判决结果有关，如果与终局判决相冲突，则行为保全将失去法律效力；但是人身安全保护令的效力不以诉讼结果为前提。

《民法典》第九百九十七条规定：“民事主体有证据证明行为人正在实施或者即将实施侵害其人格权的违法行为，不及时制止将使其合法权益受到难以弥补的损害的，有权依法向人民法院申请采取责令行为人停止有关行为的措施”。该条被学界称为“人格权禁令”。关于人格权禁令的性质，目前存在

---

① 李龙、李一鑫:《民事行为保全的功能定位与制度重塑》，载《江西社会科学》2020 年第 1 期。

两种观点，一种是学界的主流观点，认为人格权禁令不是民事诉讼法上的行为保全，性质上属于实体法上的禁令。[①] 另一种观点认为，《民法典》第九百九十七条规定民事主体可以向法院申请责令行为停止有关行为的措施属于实体法的规定，而如何通过程序实现该权利，则应当适用其他法律规定，《民事诉讼法》第一百条关于行为保全的规定以及"人身安全保护令"的规定都可以适用于人格权禁令。[②] 因此，人格权禁令究竟应当在《民事诉讼法》中单独设立独立的程序与实体法上规定相适应，还是可以被纳入《民事诉讼法》已有的行为保全体系中，目前仍然存在争议，这种争议也会给司法实务带来一定困扰。

二、适用的诉讼类型不明确

行为保全与财产保全都属于保全体系中的保全制度，但通常认为行为保全和财产保全在功能、目的和执行内容上有明显不同。财产保全的措施指向财产，主要目的在于保证将来的生效判决能够得以执行，而行为保全的措施指向作为或不作为，目的主要在于避免债权人遭受其他不可弥补的损害。只有在给付之诉中所作判决有执行名义，才有保障强制执行的问题并可能存在保全执行的需求，而行为保全并不以保全强制执行为目的，故其适用范围亦不囿于给付之诉。[③] 因此，财产保全的案件必须是给付之诉或者包含给付之诉的诉讼。但行为保全是否能够适用于所有类型的给付之诉以及是否能够在确

① 持该观点的学者认为，诉前行为保全的请求权基础是诉权，其法律属性是诉讼（行为）保全制度；人格权禁令的请求权基础是人格权请求权，本质上属于实体法上权利保护请求权的产物，是人格权的自我防卫功能的外化，其正当性来自人格权自我保护的必要性，以恢复权利主体对人身自由、人格尊严的自我控制为目的。诉讼法上的行为保全制度初衷及行为保全概念本身都是以保全裁判结果的实现为目的，是一项程序上或程序性措施。但是《民法典》规定的人格权禁令制度并不以保全裁判结果为目的。且人格权禁令并不必然伴随诉讼程序，而是可以独立存在。见程啸：《论我国民法典中的人格权禁令制度》，载《比较法研究》2021 年第 3 期。持相同观点的学者指出，人格权禁令与侵犯人格权的诉讼没有必然的联系，人身安全保护令可以视为人格权禁令的一个形式。郭小冬：《人格权禁令的基本原理与程序法落实》，载《法律科学》（西北政法大学学报）2021 年第 2 期。诉前禁令的请求权基础是诉权，其法律属性是诉讼（行为）保全制度；而人格权禁令的请求权基础是人格权请求权，本质上属于实体法上的权利保护请求权的产物。吴英姿：《人格权禁令程序研究》，载《法律科学》（西北政法大学学报）2021 年第 2 期。

② 黄薇主编：《中华人民共和国民法典人格权编解读》，中国法制出版社 2020 年版，第 43-44 页。

③ 周翠：《行为保全问题研究——对〈民事诉讼法〉第 100-105 条的解释》，载《法律科学》（西北政法大学学报）2015 年第 4 期。

认之诉、变更之诉中申请行为保全，制度规范尚不明确，司法实务存有疑虑。

根据请求给付的对象不同，给付可以分为金钱给付、物的给付及行为给付（包括作为和不作为）。[①] 以上三种类型的给付之诉是否都可以适用行为保全，还需要讨论。

（一）给付之诉行为保全的适用

金钱给付之诉中不具有行为保全的适用基础，行为保全只能在于以停止侵害、排除妨害和消除危险为诉讼请求的给付之诉中。[②] 因为金钱给付之诉的给付对象是金钱，在对方不给付金钱的诉讼中，通常申请人遭受的损害并不是难以弥补的。例如，债务人不履行合同之债，申请人请求对方给付合同价款，申请人在对方不履行时遭受的损失为金钱损失。美国禁令适用的救济体系表明，只有在替代救济（通常是金钱救济）和具体的终局救济都无法救济时才有禁令适用的空间。因此，如果被申请人正在实施或即将实施的行为给申请人造成的损害可以用金钱计量，并得以金钱赔偿方法补救，则一般不认为具有难以弥补的损害，[③] 也就没有行为保全的适用空间。

物的给付之诉在一定情形下可以适用行为保全。然而，特定物的给付之诉能否申请行为保全尚存在争议。否定观点认为，在物的给付之诉中，原告提起诉讼的目的在于恢复对物的占有。为了避免在诉讼前或者诉讼中发生对物的损毁行为，当事人可以向人民法院申请对物进行财产保全，行为保全没有用武之地。[④] 然而物的给付之诉并非仅限于物权受到侵害之后基于物权绝对请求权提出的返还原物之诉，还存在于合同之债和侵权之债的诉讼中。例如，在上海唐某电子有限公司诉唐某镓证件、资料纠纷案中，申请法院命令被告交还诉争的证件、资料[⑤]；在重庆圣某罗汽车运输公司綦江分公司诉潘永国财产损害赔偿纠纷抗诉案中，申请对方交还被扣拦的货车；[⑥] 在杭州信某运输有限公司诉饶某林公路货物运输合同案中，申请返还急需的货物[⑦]。这些案件都以返还特定物为请求，且存在紧急情况，在行为保全制度以前基本通过先予

① 江伟、肖建国主编：《民事诉讼法》，中国人民大学出版社 2018 年版，第 28 页。
② 郭小冬著：《民事诉讼侵害阻断制度研究》，知识产权出版社 2010 年版，第 134-136 页。
③ 韩天岚：《知识产权诉讼中诉前禁令的适用》，载《电子知识产权》2004 年第 4 期。
④ 张宝成：《民事行为保全制度研究》，中国人民大学 2017 年博士学位论文，第 66 页。
⑤ 上海市金山区人民法院民事判决书，（1999）金民初字第 1948 号。
⑥ 重庆市巴南区人民法院民事判决书，（2005）巴民再审初字第 00009 号。
⑦ 江西省金溪县人民法院民事判决书，（2003）金民初字第 506 号。

执行制度实现对行为的保全功能。在行为保全制度正式确立后，上述以物之给付为请求的案件不必再适用先予执行，而是可以直接适用行为保全。可见，在物的给付之诉中，由于财产保全只针对物本身做静止的查封、扣押，并不能满足当事人要求对方作出某种行为的紧迫需求，因此行为保全应当在物的给付之诉中有适用的空间。

行为给付之诉可以适用行为保全。行为给付之诉通常是指以行为给付为请求的诉讼，表现为基于物权请求权，请求法院要求对方停止侵害、排除妨害等；或者表现为合同约定给付的标的为某种特定的行为，基于合同约定获得的债法上的请求权；还有基于法律规定必须为一定行为或者具有某种法定义务，一旦违反法律规定则据此要求义务人为或者不为一定行为。[①] 行为保全的申请往往与行为给付之诉中的诉讼请求具有一致性，当事人行为保全申请能确保判决执行，同时也能够避免不可弥补的损失发生。

（二）确认之诉行为保全的适用

确认之诉是指原告请求法院确认其主张的民事法律关系（或民事权益）或者特定的法律事实是否存在或者是否合法有效之诉。确认之诉又分为积极确认之诉和消极确认之诉。[②] 积极确认之诉是请求确认法律关系存在或者有效，如确认双方之间收养关系成立、确认双方劳动关系成立、确认合同合法有效。消极确认之诉是确认法律关系不存在、不合法或无效，如确认合同无效、确认婚姻无效等。反对的观点认为确认之诉不适用行为保全，因为当事人向法院起诉的目的只是确认自己享有某种权利或者确认法律关系存在，而并不要求排除妨害或停止侵害[③]。

但也有学者认为，确认之诉具有适用行为保全的空间，因为确认之诉要求法院确认某个权利存在，而自身拥有的权利不受非法侵害是权利属性的必然要求，也是权利内涵的题中应有之义，如果权利遭到损害或有遭受损害的风险，权利主体请求人民法院通过准许行为保全的方式进行救济或预防，十分必要。[④] 例如，《最高人民法院关于适用〈中华人民共和国公司法〉若干问题的规定（三）（2020 年修正）》第二十七条规定，股权转让后尚未向公司

---

① 张宝成：《民事行为保全制度研究》，中国人民大学 2017 年博士学位论文，第 65 页。

② 江伟、肖建国：《民事诉讼法》，中国人民大学出版社 2018 年版，第 29 页。

③ 郭小冬著：《民事诉讼侵害阻断制度研究》，知识产权出版社 2010 年版，第 140 页。

④ 张宝成：《民事行为保全制度研究》，中国人民大学 2017 年博士学位论文，第 67 页。

登记机关办理变更登记，原股东将仍登记于其名下的股权转让、质押或者以其他方式处分，受让股东以其对于股权享有实际权利为由，请求认定处分股权行为无效的，人民法院可以参照民法典第三百一十一条的规定处理，即无处分权人将不动产或者动产转让给受让人的，所有权人有权追回。在受让股东起诉原股东确认处分股份行为无效纠纷中，若原股东处分其股权在尚未办理登记或者受让人可能再次转让的情况下，受让股东为了能够在后诉中追回股权，可以适用行为保全措施在确认转让无效的诉讼中禁止原股东的登记行为或者禁止受让人再次转让的行为。又如，在确认合同无效案件中，原被告就加油站租赁签订合同，出租人要求确认租赁合同无效，承租人可在合同被宣告无效以前继续经营加油站，但是若不制止承租人的经营，可能会给出租人带来行政法上的吊销资格的不可弥补的损害，此时仅通过查封加油站可能难以实现保全的效果，应考虑行为保全的适用。

（三）形成之诉行为保全的适用

形成之诉能够适用行为保全。形成之诉是指原告请求法院运用判决变动已成立或既存的民事法律关系（或民事权益）或者待定的法律之诉。就请求法院运用判决变动民事法律关系（或民事权益）的形成之诉来说，其实体法基础是原告所主张的形成权；就请求法院运用判决变动特定法律事实的形成之诉来说，有请求变更公司登记之诉等。[①] 也有学者提出形成之诉是原告主张基于一定形成权或形成要求，为使法律关系发生变动，请求法院以判决宣告法律关系变动之诉。[②] 形成之诉的实体法基础是原告主张的形成权，有的形成权通过形成权人单方意思即可行使，发生形成效力，既无须通过法院，也不必对方同意。但是对方可以行使形成抗辩权来对抗形成权人，因此双方会就法律关系是否解除或者变更产生争议；此时形成权人起诉法院是为了确认形成效力。我国形成之诉比较常见的类型有：《民法典》第一百四十七条至第一百五十一条，基于重大未结、欺诈、胁迫以及显失公平的撤销之诉，撤销权通过诉讼或者仲裁方式行使。婚姻撤销权、婚姻解除权、收养解除权、公司决议撤销权，需要通过诉讼行使。合同解除权是单方形成权，在双方就形成权效力产生争议时，由解除权人提起诉讼或申请仲裁确认解除合同的效力。

---

① 江伟、肖建国主编：《民事诉讼法》，中国人民大学出版社 2018 年版，第 30 页。

② 陈荣宗、林庆苗著：《民事诉讼法》，三民书局股份有限公司 1996 年版，第 284 页。

有学者认为，形成之诉并不具有适用行为保全的空间，因为对方消极不作为的行为不能构成对形成权的侵害和阻断。[①] 形成权产生的特有效力具有对世性，形成判决对不特定第三人都产生约束力，任何人未经合法程序不得随意干涉，但是当事人的形成权行使会遭受来自他人的干预。当事人在单方意思表示行使形成权的情况下，对方当事人或者第三人不认可形成效力而作出或不作出特定行为，以影响当事人想要改变的法律状态，此时当事人的形成权行使实际上受到了外在的阻断。或者当事人形成权需要通过诉讼（仲裁）方式行使，在诉讼过程中或者起诉前，对方正在作出的某种行为将使得当事人形成权难以实现效力，此时也应当赋予形成权人临时救济。

第四节　民事行为保全管辖规则不明确

一、行为保全管辖是否为专属管辖

根据《民事诉讼法》的规定，诉讼中的保全由本案受理法院管辖，诉前保全由被保全财产所在地、被申请人住所地或者对案件有管辖权的人民法院管辖。上述对民事行为保全有管辖权的法院对行为保全是否系专属管辖，立法上并未予以明确。专属管辖是指法律规定某些特殊类型的案件专门由特定的人民法院管辖，专属管辖具有极强的排他性。[②] 我国民事诉讼法专属管辖的案件范围包括：因不动产纠纷提起的诉讼，由不动产所在地人民法院管辖；因港口作业中发生纠纷提起的诉讼，由港口所在地人民法院管辖；因继承遗产纠纷提起的诉讼，由被继承人死亡时住所地或者主要遗产所在地人民法院管辖。《民事诉讼法司法解释》（2022 年修正）第一百六十条规定，当事人向采取诉前保全措施以外的其他有管辖权的人民法院起诉的，采取诉前保全措施的人民法院应当将保全手续移送受理案件的人民法院。诉前保全的裁定视为受移送人民法院作出的裁定。从上述立法和司法解释规定来看，行为保全并不属于专属管辖。但此种解释似乎并不利于实务中管辖问题的处理，因为

① 郭小冬著：《民事诉讼侵害阻断制度研究》，知识产权出版社 2010 年版，第 149 页。
② 江伟、肖建国主编：《民事诉讼法》，中国人民大学出版社 2018 年版，第 104 页。

按照这种解释，当事人可以通过协议管辖来改变行为保全法定管辖，实际上会削弱行为保全的功效。根据《民事诉讼法》的规定，当事人可以书面协议选择被告住所地、合同履行地、合同签订地、原告住所地、标的物所在地等与争议有实际联系的地点的人民法院管辖，但不得违反本法对级别管辖和专属管辖的规定。而协议管辖可选择的连接点在设计时考虑的是方便当事人诉讼，却并不当然有利于行为保全措施的执行。因此有学者提出行为保全属于专属管辖，管辖协议不影响行为保全的管辖，行为保全具有紧迫性，其管辖规则应当遵循该原则。①

二、当事人可否通过协议确定管辖

《民事诉讼法》（2021 年修正）第三十五条的协议管辖规则，赋予当事人选择管辖法院的权利，是当事人在民事诉讼活动中处分权的表现。协议管辖的原理是，当事人作为民事权利义务关系主体或者实体权利的管理人，其基于民法的对实体权利的处分权可以延续到诉讼活动中。当事人的实体权利处分权与程序利益处分权是否可以在行为保全程序中适用，在现有立法中未能找到明确的规定。因此在实务中至少面临两个层面的问题；首先，当事人已经达成的本案管辖法院的约定效力是否及于行为保全行为；其次，当事人可否在诉前或者诉中就行为保全管辖以协议方式确定。按照前述观点，行为保全应当作为专属管辖解释，则当事人不能通过协议的方式排除法律所规定的行为保全法院管辖。且从协议管辖的原理上来看，行为保全亦不应适用《民事诉讼法》第三十五条的规定。因为行为保全性质上是纯粹的程序事项，并不属于当事人可以处分的权利范畴，而协议管辖系基于管辖的法院为审理当事人权利义务的法院，仍然以当事人可处分的实体权利为基础。同时，行为保全系临时救济措施，其强调司法的强制力和执行力，对当事人的人身权利产生极大影响，应通过立法明确管辖法院，而不能由当事人任意确定。

在仲裁程序中，双方签署的仲裁协议是否能够赋予仲裁机构裁决行为保全的权力，目前从制度以及学理层面看都未有确定结论。《中国国际经济贸易仲裁委员会仲裁规则（2014 年修正）》第二十三条规定了保全及临时措施，根据所适用的法律或当事人的约定，当事人可以依据《中国国际经济贸易仲

① 张宝成：《民事行为保全制度研究》，中国人民大学 2017 年博士学位论文，第 74 页。

裁委员会紧急仲裁员程序》（本规则附件三）向仲裁委员会仲裁院申请紧急性临时救济。紧急仲裁员可以决定采取必要或适当的紧急性临时救济措施。紧急仲裁员的决定对双方当事人具有约束力。经一方当事人请求，仲裁庭依据所适用的法律或当事人的约定可以决定采取其认为必要或适当的临时措施，并有权决定由请求临时措施的一方当事人提供适当的担保。当事人可以就紧急性临时救济作出约定由仲裁委员会决定作出临时救济措施，因为仲裁委员会和仲裁员经当事人授权可获得对仲裁事项裁决的权力，基于尊重当事人意思自治的原理，仲裁庭（仲裁员）亦可在当事人授权保全裁决权的情况下对行为保全作出裁决。反对者则认为裁决仲裁保全的权力是国家的专属权力，属于司法权范畴。也有学者从拓展仲裁保全的裁决主体的角度出发，提出应允许当事人在仲裁协议中约定仲裁保全的主体为仲裁机关。①

三、管辖异议是否影响行为保全

我国《民事诉讼法》规定，人民法院受理案件后，当事人对管辖权有异议的，应当在提交答辩状期间提出。人民法院对当事人提出的异议，应当审查。异议成立的，裁定将案件移送有管辖权的人民法院；异议不成立的，裁定驳回。从《民事诉讼法》关于管辖异议的规定看，管辖异议申请要件包括案件受理、在答辩期间、当事人提出。管辖权异议是当事人诉讼权利平等原则的体现，原告起诉可以主动选择法院，被动地被拉入诉讼中的被告亦应当对等地通过管辖异议来与原告进行对抗。然而诉前行为保全是在法院受理案件以前经由法院作出的司法行为，当事人就诉前行为保全向法院提出管辖异议并不符合现行管辖权异议的立法规定。由于行为保全以司法强制力为后盾，是民事程序中确保民事判决执行，防止当事人损害扩大的临时救济措施，保全法院对于自身是否有管辖权应当依职权审查。同时，基于诉前保全对当事人特别是被申请人的权利产生重大影响，因此应当允许当事人对诉前保全管辖法院提出异议。只不过在认可管辖权异议的同时还需要协调异议程序和保全程序的关系。诉前保全的紧迫性决定当事人的管辖权异议不应影响保全裁定的作出以及保全措施的执行，否则诉前保全将因管辖异议而丧失制度功能。法院作出保全后，在审查管辖权异议时，若认为自己无管辖权，可依《民事

① 张宝成：《民事行为保全制度研究》，中国人民大学 2017 年博士学位论文，第 74 页。

诉讼法》关于移送管辖的规定将案件移送到有管辖权的法院。

案件受理后当事人提出管辖权异议在实务中非常普遍，法院在受理当事人管辖权异议申请后，会先审查法院对案件是否有管辖权的程序事项，在程序问题得到确定后再继续就本案诉讼请求进行实质审理。诉讼中财产保全的管辖法院通常为案件受理法院，因此实务中当事人会对受案法院提出管辖权异议，并要求法院审查管辖权并确定管辖权，之后才能保全。对此，法院应当先处理管辖权异议还是应当先行保全，这一问题缺乏明确的指引。但在实务中法院倾向于先保全、再审查管辖权异议，或者同时审查。在合某公司诉优某公司、动某公司等不正当竞争纠纷案中，原告指控被告屏蔽优某网广告构成不正当竞争，并申请行为保全。被告动某公司收到行为保全申请后提出管辖权异议，要求将案件移送至广州市天河区人民法院审理。北京市海淀区人民法院首先审理行为保全问题，于 2013 年 10 月 9 日裁定：被告优某公司、动某公司立即停止提供“U 某浏览器”软件的“页面视频下载”功能，停止下载优某网视频的行为；之后于 2013 年 10 月 29 日就管辖权作出裁定：驳回动某公司的管辖权异议。在唐某公司与灿某公司等“中国好声音”诉前行为保全案中，被申请人上海灿某公司辩称：“唐某公司对灿某公司及梦某强音公司的有关行为禁令请求内容不应由法院主管”“不符合专属管辖和地域管辖的规定。”北京知识产权法院同时处理了主管、管辖和保全问题，认为北京知识产权法院对该案有管辖权，且浙江唐某公司所提保全请求应予支持。

四、行为保全损害赔偿管辖法院如何确定

行为保全损害赔偿诉讼，是指当事人因申请保全错误即当事人的起诉未被支持而引发的被保全人向申请保全人提起的损害赔偿诉讼。《民事诉讼法司法解释》第二十七条规定，当事人申请诉前保全后没有在法定期间起诉或者申请仲裁，给被申请人、利害关系人造成损失引起的诉讼，由采取保全措施的人民法院管辖。当事人申请诉前保全后在法定期间内起诉或者申请仲裁，被申请人、利害关系人因保全受到损失提起的诉讼，由受理起诉的人民法院或者采取保全措施的人民法院管辖。《最高人民法院关于因申请诉中财产保全损害责任纠纷管辖问题的批复》（以下简称《批复》）明确：为便于当事人诉讼，诉讼中财产保全的被申请人、利害关系人依照《中华人民共和国民事

诉讼法》第一百零五条①规定提起的因申请诉中财产保全损害责任纠纷之诉，由作出诉中财产保全裁定的人民法院管辖。《民事诉讼法司法解释》和《批复》整体上确立的原则是：诉前保全归诉前保全法院管辖，诉讼中保全归诉中保全法院管辖。但是对于诉前保全作出后当事人按时起诉或申请仲裁，但是却败诉的情形，《民事诉讼法司法解释》第二十七条的规定尚不够明确。

第五节　民事行为保全申请条件不明确

行为保全作为当事人诉权内容的重要性体现在程序上与起诉有相同的审查模式，即：当事人申请+法院审查。《民事诉讼法》（2021 年修正）第一百二十二条和第一百二十七条对起诉的积极要件和消极要件有明确规范，为法院受理案件提供了立法依据。但是从上述规范来看，相关法律和司法解释未明确行为保全申请条件，《民事诉讼法》与知识产权领域单行立法及司法解释对申请条件的规定存在差异。《民事诉讼法》（2021 年修正）第一百零三条和第一百零四条针对诉讼中保全和诉前保全的申请条件有所不同，诉中是为了防止判决难以执行或者造成当事人其他损害，因此当事人申请保全以“被申请人行为导致判决难以执行”为条件。诉前保全是为了防止合法权益受到难以弥补的损害，因而“存在难以弥补的损害”是诉前保全申请的核心条件。司法裁判的普遍观点认为，审查是否应当责令停止侵害行为以及采取行为保全措施，应当从以下几个方面进行：（1）申请人是侵权人或者利害关系人；（2）被申请人的行为可能构成侵权；（3）不立即采取保全措施将给申请人带来不可弥补的损害；（4）责令被申请人停止某种行为或者做出某种行为给被申请人带来的损害小于不作出行为保全给申请人带来的损害；（5）是否侵害公共利益；（6）申请人是否提供担保。

① 此处《中华人民共和国民事诉讼法》系 2017 年修正，第一百零五条的内容为“申请有错误的，申请人应当赔偿被申请人因保全所遭受的损失。”为 2021 年修正《民事诉讼法》的第一百零八条。

第四章　民事行为保全在身份案件的适用

第一节　适用行为保全的身份案件

以“行为保全”为关键词，通过北大法宝检索工具，在婚姻家庭、继承纠纷类型下检索到的案例数量为25个，其中有8个虽然出现了“行为保全”的表述，但实际上当事人申请的是财产保全，其中10个是人身安全保护，还有7个当事人申请了行为保全，法院也针对当事人申请作出裁定。这25个案例中涉及的案件类型为：离婚纠纷中申请禁止对方抢夺、藏匿婚生子女，遗嘱继承纠纷中申请禁止拆除（重建）继承房产，离婚纠纷中申请限制对方出境；另外，在分家析产案件中，也有当事人申请行为保全。

在夏某与顾某某离婚纠纷一案中①，申请人夏某于2020年5月7日向法院申请行为保全，请求法院依法裁定禁止被申请人顾某某实施抢夺、藏匿双方婚生女顾某1的行为，并禁止顾某某将顾某1带离夏某的经常居住地。法院经审查认为，夏某以顾某某为被申请人提出了行为保全的申请，并以《上海市长宁区人民法院2011年—2015年涉未成年子女离婚案件审判白皮书》《广东法院审理离婚案件程序指引》作为参考依据。一审判决认为，由于夏某、顾某某并不存在离婚的法定事由，故不涉及双方子女顾某1抚养权判决无法执行的问题，且夏某亦知道顾某1现在的居所；因此夏某的申请不符合法律的规定，法院难以支持。依照《中华人民共和国民事诉讼法》（2017年修正）第一百条第一款的规定，裁定驳回夏某的申请。

在郭某2与郭某遗嘱继承纠纷一案中②，原告郭某1请求法院确认父母留

---

① （2020）沪0115民初19597号。
② （2020）琼9003民初4732号。

下的两处房产全部由其继承，即（1）坐落于儋州市新州镇新英墟黄塘社区居委会的房屋（东面至郑肇祥，西面至陈义益，南面至麦美炽，北面至陈辉高，建筑面积约180平方米）；（2）坐落于新州镇新英墟新街147号宅基地（面积约100平方米）和该地基上原建有的房屋（面积约200平方米）。但在郭某1提起继承诉讼之前，被告已经将一处房产拆除并建了新房。原告主张其曾经申请过行为保全，且法院作出了保全裁定。。在本继承案件中，法院最终判决，位于儋州市新州镇新英墟黄塘居委会四合院（四合院长宽：长约20米、宽约13米，四至：东至郑克海家、西至小巷、南至麦义顺、北至小路）房屋和位于儋州市新州镇新英墟新街147号原有房屋（已拆除，占地面积：122.56平方米，四至：东至供销社门市部、西至刘南芬住宅、南至水沟、北至新街）中的10/16由原告郭某1继承。

在邢某、李某离婚纠纷一审案件中，[①] 申请人邢某于2019年3月6日向法院申请行为保全，请求对被申请人采取限制出境措施。法院经审查认为，被申请人有未了结的民事案件，其出境可能造成案件难以审理、无法执行，申请人的申请符合法律规定，因此裁定限制被申请人李某出境。

在陈某1、陈某2等与黄某、陈某5法定继承纠纷案中[②]，原告以被告黄某、陈某5及第三人陈某6在争议土地上修建房屋为由，向法院提出行为保全申请，要求责令被告黄某、陈某5及第三人陈某6停止在争议地土地（即位于儋州市××镇的土地）上施工建房，维持土地现状，并提供原告陈某1、陈某2、陈某3名下位于儋州市××镇国有土地使用权［国有土地使用权证：儋国用（中和）字第××号，土地使用权面积134.26平方米］作为担保。法院认为，原告陈某1、陈某2、陈某3、陈某4的申请符合法律规定，并提供了相应的财产担保，应当予以准许。依照《中华人民共和国民事诉讼法》（2017年修正）第一百条之规定，裁定被告黄某、陈某5及第三人陈某6立即停止在位于儋州市××镇的土地施工，保持土地现状。查封原告陈某1、陈某2、陈某3名下位于儋州市××镇国有土地使用权［国有土地使用权证：儋国用（中和）字第××号］，查封期限为三年。

以上行为保全案例集中在离婚纠纷和继承纠纷中，除此之外婚姻家庭领

---

① （2019）津0116民初2337号之二。

② （2018）琼9003民初8328号。

域行为保全最广泛的应用是保护家庭成员不遭受暴力或者暴力威胁发布人身安全保护裁定。最高人民法院公布了一系列涉家庭暴力典型案例，其中有通过人身安全保护令保护未成年人子女权益的案例，如原告余某与被告罗某离婚后，婚生女由罗某抚养。但是罗某经常遭受殴打和辱骂，因此原告起诉要求法院判令变更女儿由原告抚养。原告向法院提供了女儿的伤情鉴定书，法院裁定禁止被申请人殴打、威胁、辱骂、骚扰、跟踪申请人。[①] 也有通过人身安全保护裁定制止子女虐待老人的案例，如在郝某某诉郝某华赡养纠纷案中，被告对原告提出的请求不满，经常用激烈言词对郝某某进行言语威胁、谩骂，致使郝某某产生精神恐惧，情绪紧张。在诉讼期间，原告向法院申请人身安全保护裁定，法院裁定禁止被申请人郝某华对申请人郝某某采取言语威胁、谩骂、侮辱以及可能导致申请人产生心理恐惧、担心、害怕的其他行为。[②] 同时，法院对被申请人进行了训诫，告知其在有效期内，若发生上述行为，则视情节轻重对被申请人采取拘留、罚款等强制措施。也有法院通过发布诉后人身安全保护裁定制止“分手暴力”，如申请人钟某芳与被申请人陈某于2010年2月2日经法院判决离婚，子女由钟某芳抚养。判决生效后，陈某拒不搬出钟某芳房屋，还要求与钟某芳同吃、同睡，限制钟某芳的人身自由和社会交往。钟某芳稍有不从，就对其进行辱骂和殴打，并多次写字条威胁钟某芳。法院强制其搬离后，仍然借探视子女为由，多次进入钟某芳家中对其实施威胁，还经常尾随、监视钟某芳的行踪，不仅使钟某芳的身体受到伤害，还使其处于极度恐惧之中。钟某芳于2010年5月6日向法院提出了人身安全保护裁定的申请，并提交了报警证明、妇联的来访记录、被申请人威胁申请人的字条、被撕烂的衣物、照片等证明材料。法院经审理认为，申请人钟某芳在离婚后仍然被前夫陈某无理纠缠，经常遭其辱骂、殴打和威胁，人身自由和社会交往仍受前夫的限制，是典型的控制型暴力行为受害者。因此裁定禁止被申请人陈某骚扰、跟踪、威胁、殴打申请人钟某芳，或与申请人钟某芳以及未成年子女陈某某进行不受欢迎的接触；禁止被申请人陈某在距离申请人钟某芳的住所或工作场所200米内活动；被申请人陈某探视子女时应征

---

① 最高人民法院公布十起涉家庭暴力典型案例之一：女童罗某某诉罗某抚养权纠纷案——人身安全保护裁定罅儿童虐待，【法宝引证码】CLI. C. 2748438。

② 最高人民法院公布十起涉家庭暴力典型案例之一：郝某某诉郝某华赡养纠纷案——人身安全保护裁定制止子女虐待老人，【法宝引证码】CLI. C. 2748443。

得子女的同意，并不得到申请人的家中进行探视。该保护令的有效期为六个月。[①]

第二节　婚姻家庭案件中行为保全适用的问题

一、婚姻家庭案件行为保全数量少

根据最高人民法院每年的司法统计数据，2016 年—2020 年，婚姻家庭、继承纠纷基数大，且占民事一审案件收案数量的比例在 15%以上。然而，人身保护令数量基本维持在 3000 个左右，相比婚姻家庭案件的总数而言，发出人身安全保护令的比例较低。同时，除人身安全保护令外，其他家事案件中申请并裁定行为保全案件数量更少，根据司法统计，自 2017 年至今全国每年行为保全案件的数量均不超过 200 件。通过中国裁判文书网以及北大法宝检索平台，通过关键词“婚姻家庭、继承、行为保全、禁令”进行交叉检索，检索的结果表明，在婚姻家庭、继承纠纷案件中申请行为保全寥寥无几，而法院作出的行为保全裁定更是屈指可数。

	民事一审收案	婚姻家庭、继承纠纷	离婚纠纷	人身保护令	行为保全
2020	13136436	1635049	1231932	3034	141
2019	13852052	1836638	1378126	3214	173
2018	12449685	1808787	1377073	2437	171
2017	11373753	1802151	1409563	2355	105
2016	10762124	1735516		无统计数据	无统计数据

从数据来看，婚姻家庭、继承纠纷中最广泛的行为保全措施是“人身安全保护令”。人身安全保护令针对的是家庭成员之间以殴打、捆绑、残害、限制人身自由以及经常性谩骂、恐吓等方式实施的身体、精神等侵害行为。在《反家庭暴力法》正式实施以前，人身安全保护裁定由最高人民法院发布的

① 最高人民法院公布十起涉家庭暴力典型案例之一：钟某芳申请诉后人身安全保护案——诉后人身安全保护裁定制止“分手暴力”，【法宝引证码】CLI. C. 2748728。

《涉及家庭暴力婚姻案件审理指南》提出（以下简称《指南》）。《指南》指出，人民安全保护裁定是人民法院为了保护家庭暴力受害人及其子女和特定亲属的人身安全、确保民事诉讼程序的正常进行而作出的裁定。随后在很长一段时间内，婚姻家庭领域保护受害人人身安全主要通过2012年修改的《民事诉讼法》第一百条、第一百零一条有关行为保全的规定。实务中普遍认为，人身安全保护令是婚姻家事案件中的行为保全措施。2016年3月1日，《中华人民共和国反家庭暴力法》（以下简称《反家暴法》）正式施行，第四章专章规定了“人身安全保护令”的内容和实施程序。此后，有关人身安全保护令的行为是否为行为保全在学界展开了讨论，虽有否定的观点认为人身安全保护令有其独立的价值和功能，但是其客观上实现了行为保全的功能。

二、婚姻家庭案件适用行为保全类型单一

根据修改后的《民事案件案由规定》，我国婚姻家庭案件包括：婚约财产纠纷、婚内夫妻财产分割纠纷、离婚纠纷、离婚后财产纠纷、离婚后损害责任纠纷、婚姻无效纠纷、撤销婚姻纠纷、夫妻财产约定纠纷、同居关系纠纷（同居关系析产纠纷、同居关系子女抚养纠纷）、亲子关系纠纷（确认亲子关系纠纷、否认亲子关系纠纷）、抚养纠纷（抚养费纠纷、变更抚养关系纠纷）、扶养纠纷（扶养费纠纷、变更扶养关系纠纷）、赡养纠纷（赡养费纠纷、变更赡养关系纠纷）、收养关系纠纷（确认收养关系纠纷、解除收养关系纠纷）、监护权纠纷、探望权纠纷、分家析产纠纷。除此之外，广义的家事纠纷还包括继承纠纷。

婚姻家庭领域除人身安全遭受损害需要司法强制保护外，还有很多类型的案件以及情形有行为保全适用的空间。这些案件都符合行为保全的核心要素，即不采取行为保全措施将导致不可弥补的损害。例如，离婚案件往往涉及未成年子女的抚养和探望问题，而夫妻离婚一方为了争夺抚养权或者为了在离婚诉讼中为自己谋取更多利益而抢夺、藏匿未成年子女的案例越来越多，该种行为不仅影响了离婚诉讼的审理裁判，更严重侵害了未成年子女的权益。除此之外，离婚后财产纠纷、确认亲子关系案件、继承纠纷以及分家析产纠纷中均有适用行为保全的必要。但是从目前的司法实践来看，法院在这些类型案件中作出的行为保全裁定非常少。婚姻家庭案件中对行为保全裁定的适用现状已经无法适应婚姻家事案件对行为保全的实际需求。

三、申请条件不明确

从网上检索到的行为保全裁定来看，目前婚姻家事继承纠纷中行为保全表现出适用标准不明确的特点。不少案件中当事人依据《民事诉讼法》第一百条有关行为保全的规定向法院申请行为保全，实际上却是要求查封、扣押、冻结当事人的财产，要求对方不能对财产进行转移或者作出藏匿。法院依据当事人申请作出保全的裁定，但是未明确系财产保全或行为保全裁定。由于我国的保全制度将财产保全和行为保全统一规定在《民事诉讼法》的一个条文中，且未明确两者区分的标准，因此容易造成财产保全与行为保全的混淆。例如，我国民事诉讼司法解释中有关财产保全的措施不仅限于静态的查封、扣押、冻结，还包括责令当事人处理不宜长期保存的物品、通知不予办理财产转移手续、限制支取到期应得收益、裁定第三人不得对本案债务人清偿等内容。后面的这些措施实际上也属于行为禁令的范畴。因此有学者提出以措施内容和功能目的为标准区分财产保全与行为保全，而且这两项标准缺一不可，行为保全的目的主要在于避免债权人遭受不可弥补的损害，而财产保全的目的在于保全未来的强制执行。①

行为保全制度最早源于知识产权领域的禁令，在知识产权领域已经逐步形成了比较完善的规则。虽然《民事诉讼法》直接在条款中加入了行为保全的规定，为其他领域的民商事案件适用行为保全提供了程序法依据，但是却始终因为缺乏实务积累而被束之高阁。对行为保全具有高度需求的婚姻家庭领域，在立法提供了制度供给后依旧缺乏司法适用的土壤，而未使得行为保全在该领域得到运用。在涉及财产的案件中，当事人和法院都会选择熟悉的财产保全措施，通常在提供相应的担保后更能得到法院支持，而法院亦不必承担保全错误的风险。而涉及人身关系的案件中尚未形成行为保全的审查标准，"不可弥补的损害""胜诉可能性""是否提供担保""利益权衡"这些核心要素在婚姻家庭继承案件中有不同于知识产权案件的特殊的含义。从法院目前已经作出的裁定来看，法院对于婚姻家庭继承案件中行为保全的作出基本不适用标准，即不从是否符合行为保全申请条件出发进行阐释，而是直接

---

① 周翠：《行为保全问题研究——对〈民事诉讼法〉第100—105条的解释》，载《法律科学》2015年第4期。

依据法条裁定驳回申请或者裁定作出行为保全措施。

四、有关担保的规定不明确

《最高人民法院关于审查知识产权纠纷行为保全案件适用法律若干问题的规定》明确规定，申请人申请行为保全的，应当依法提供担保。申请人提供的担保数额，应当相当于被申请人可能因执行行为保全措施所遭受的损失，包括责令停止侵权行为所涉产品的销售收益、保管费用等合理损失。在执行行为保全措施过程中，被申请人可能因此遭受的损失超过申请人担保数额的，人民法院可以责令申请人追加相应的担保。申请人拒不追加的，可以裁定解除或者部分解除保全措施。《民事诉讼法》第一百条规定人民法院采取保全措施，可以责令申请人提供担保，申请人不提供担保的，裁定驳回申请。诉讼中申请保全，担保是可以由法院裁量的一个事项，但是诉前保全担保则是强制性的。从检索到的婚姻家庭、继承领域保全案例来看，当事人在诉讼中申请财产保全的，法院基本都要求提供相应的担保，至于担保对应数额并没有统一的标准。而在为数不多的行为保全案例中，担保并不是影响是否保全的因素，法院裁定保全的案例中未要求当事人提供担保，而驳回申请的案例亦不是因为申请人未提供担保。最高人民法院关于人身安全保护令案件相关程序问题的批复中明确规定，请求人民法院作出人身安全保护令的，申请人不需要提供担保。关于人身安全保护令不需要提供担保的原因，有学者认为，人身安全保护令虽然类似于民事诉讼法上的行为保全，但本质上与行为保全有所区别，是人格权自身请求权的内容，而不是诉讼法上的一种临时救济措施；也有学者认为应当将人身安全保护令视为特殊的行为保全，因此在是否担保以及是否应当按时起诉等条件上可以与普通民事行为保全不同。如果说人身安全保护令基于其特殊性质而不必以担保作为条件，那其他婚姻家庭继承案件是否可以普遍参照人身保护令的规定，抑或应当以《民事诉讼法》第一百条和第一百零一条的规定作为依据，尚待后续的讨论。

五、裁判文书理由阐释简单

从上述检索的案例中我们发现，法院在婚姻家庭、继承案件中裁定行为保全通常不会就申请人的申请是否符合行为保全要件进行详细的阐释，而直接作出支持或者驳回的裁定。裁定书中过于简单的理由阐释直接反映出法院在此类案件中对行为保全审查裁判要件没有清晰的、统一的认识；同时在程序上更加无法明确是否应当听取申请人的口头意见，是否应当通知对方进行对席审理，通常的做法就是依据申请人的书面申请，由法官自由裁量。裁判理由的不充分一方面更加剧了当事人对行为保全申请的模糊认知，另一方面弱化了司法的公信力；当事人不能明确在何种情况下，应当达到何种程度的证明时，行为保全申请才能获得法院支持。现行司法实践使得法官自由裁量权过大而当事人又无法通过上诉程序予以救济。因此在婚姻家庭、继承纠纷中，行为保全尚未能充分发挥其针对紧急情况“防止不可弥补损害”的功能。

六、保全执行难

家事案件在法院的执行运行效果不佳，特别是对探望权等涉及行为的执行。当事人行使探视权具有长期性、反复性等特征，这与执行案件的期限性之间存在悖论。执行案件的期限一般为 6 个月，一旦被执行人或协助执行义务人不及时履行义务，当事人需再次申请，如此循环反复，导致案件长期处于不稳定状态，也违背了便利当事人和节约诉讼资源的原则。[①] 家事案件行为保全程序最终需要通过保全执行落实，且家事行为保全往往更多涉及的是执行标的不稳定的某种行为。当前家事执行遭遇的困境会对家事行为保全产生一定的消极影响。

第三节　我国婚姻家庭案件行为保全适用现状背后的原因

一、家事审判理念问题

我国婚姻家庭案件在司法实务中甚少适用行为保全，主要是受到我国在婚姻家庭案件中审判理念的影响。长期以来我国在民事案件审判中都非常重视调解，特别是身份关系密切的家事案件，司法实务中认为更应当顺应案件的特性，遵循家事审判规律，发挥调解在纠纷解决中重要作用。法院调解作

① 齐树洁等：《我国家事诉讼特别程序的构建》，载《厦门大学学报》2014 年 2 期。

为纠纷解决的重要机制，侧重的是情理法的结合，案件当事人在“温情”的环境下化解矛盾，着眼于未来达成解决的方案。法院调解确实在家事案件中发挥着不可估量的作用，但是调解十分重视调解者的中立地位，否则会因为失去一方信任而使调解失去根基。调解的温情和完全中立的特点与限制一方行为的行为保全有天然的屏障，后者以理性的思维调整双方在诉讼中的地位和利益，难以在调解场域下找到生存的土壤。

除此之外，我国在理论上对家事事件特性的研究以及家事审判法理的研究仍然相对薄弱，在司法审判实务中由于缺乏对家事事件特性的把握，因此尚未形成成熟的家事审判理念，同时家事审判立法亦没有得到跟进。理论、实务和立法的相对滞后也成为我国家事行为保全没有发展起来的重要原因。家事事件关涉身份关系，民事审判中的“当事人处分原则”不能完全适用。对于所涉身份关系越密切的案件，应当更加偏重司法对身份关系确定利益的保护以及在身份关系中弱者利益的保护，而在程序中表现为法院职权介入程度应当越大。以证明标准的设置为例，在民事案件中当事人申请保全应当对保全条件成立进行证明，否则将会遭受法院驳回的后果。学界普遍认为保全证明的标准相较本案证明应当更加宽松。家事事件若完全遵照当事人处分，在当事人无法达到证明标准时法院被动地适用驳回裁定，则很可能背离家事审判保护弱者的价值。

二、家事审判和执行组织的问题

我国家事案件的总数自 1949 年新中国成立以来一直处于上升状态，到 20 世纪 90 年代，家事案件占民事案件的总数也达到了近一半比例，1996 年审结的婚姻家庭案件占民事案件总数的 45. 33%。在 1998 年至 2002 年的 5 年间，我国地方各级法院审结的此类案件就达到 678 万件，平均每年 135. 6 万件；2003 年以后的几年，我国地方各级法院审结的婚姻家庭案件数量和其占民事案件总数的比例都有所下降，但绝对数量仍然很高。例如，从 2003 至 2007 年的 5 年间，全国每年审结的一审家事案件平均数为 118. 7 万件，占民事案件的比例为 26. 8%。近两年来，家事案件的数量又有持续增长的趋势，如 2009 年，全国法院审结的家事案件总数为 138 万多件，占民事案件总数的

23.8%。2010年审结的婚姻家庭案件达142.8万件，同比上升3.45%。[①] 在我国，家事案件和民事案件都统一归属法院民商事庭审判。然而，民事案件和家事案件审判的理念有很大差别，加上这些年民事案件类型越来越复杂，需要民事审判投入的精力也逐渐增加，因此在审判资源没有专业化区分的情况下，民事庭可以分配给家事案件的资源相对在缩减。虽然最高人民法院在全国试点推行家事审判改革，各地法院尝试从民事审判庭分立出家事审判合议庭或者设立专门的家事审判庭室，但和家事案件的数量相比可谓杯水车薪。由此，在司法资源相对紧缺的情况下，家事案件中的保全特别是非常特殊的行为保全并不受法院的青睐。

三、缺乏配套制度的支持

在我国《反家庭暴力法》实施以前，保护家庭成员人身安全的裁定数量不容乐观，而在该法实施后，人身安全保护令的发布明显呈逐年上升趋势。在家庭暴力案例数量并未突然增加的前提下，人身安全保护令发布数量的增长从某一个侧面反映出，相关机制的健全对人身安全保护令制度功效起了积极推动作用。以同样的逻辑反观我国家事案件中行为保全适用数量甚少的现状，由于缺乏家事行为保全适用配套的机制，即便《民事诉讼法》第一百条和第一百零一条赋予了当事人申请的权利，也不能有效激发当事人行使权利的动力。例如，在涉及未成年子女的案件中，由于缺乏支持未成年人参与诉讼的机制，因此未成年子女不能在诉讼中提出申请制止一方的侵害行为。未成年人身体、心理、经济、知识背景各方面都处于弱者地位，尚不能像成年人一样对自己的权利有清晰的认知，在家事诉讼中更处于相对被动的地位。因此，行为保全制度中虽留有解释的空间，允许其作为利害关系人对正在遭受的损害提出保全申请，但由于缺乏支持未成年人参与诉讼的机制而使得其客观上难以实现制度上赋予的权利。又如，司法实务中抢夺藏匿子女的案件中，双方争抢子女实际上对未成年子女造成的伤害不可弥补，但双方都从自己的立场出发不愿意将孩子交付给对方。对于离婚诉讼前和诉讼中藏匿和抢夺的情形，由于夫妻双方都对子女有抚养权而使得法院常陷入困惑境地。若

---

① 陈爱武：《论家事审判机构之专门化——以家事法院（庭）为中心的比较分析》，载《法律科学》2012年第1期。

有成熟的配套机制，使得法院作出交出子女的裁定时有临时场所收容子女，而不至于孩子再次受到伤害，则可以实际发挥行为保全保护子女合法权益的功能。

四、家事执行现状堪忧

我国民事执行中涉及家事纠纷的案件主要包括离婚财产分割、赡养费、扶养费、抚育费、探视权、交出子女、遗产继承等几类情形，这类案件的执行具有一般民事案件执行所没有的特点，在执行当事人、执行标的、执行理念、执行终结乃至执行所涉及的利益等方面均有自己的独特之处。[①] 家事案件执行的特殊性表现在执行当事人之间具有亲情或血缘关系，既涉及私益又涉及社会公益，标的既包括财物又包括行为，并且执行不能一次执行完毕。[②] 家事案件执行的上述特点使得家事执行相较其他案件执行更为困难。比如，在三费（指抚养费、抚育费、扶养费）的执行中，不仅被执行人的财产难以查询，而且由于费用给付往往涉及分阶段履行，法院需要耗费大量的司法资源多次执行，给法院执行增加了难度。双如，子女交付案件中，对方一般很难配合，而且因为交付的对象是人，特别是未成年人，因此执行措施不能过于强硬，还需要多方的配合。还有探望权执行案件也是实务中非常困难的类型，一方经常会对他方的探望权制造障碍，或者通过案外人施加阻力，探望权的执行具有次数不确定、情况复杂、各方利益多元的特点，使得这类案件执行十分困难。

家事案件在司法实务中执行困难的现状直接影响家事案件的行为保全申请和法院的裁判。家事行为保全最终需要法院采取执行措施，虽然不同于终局判决的执行，但实质上与本案判决的执行具有相同的内容。法院现有的司法资源在应对生效判决执行时尚且力不从心，因此在诉讼前或者诉讼阶段中作出内容相同的临时性救济显然超出了现有司法的负荷。

---

① 陈爱武：《论家事案件之执行》，载《河北法学》2006 年第 1 期。
② 陈爱武：《论家事案件之执行》，载《河北法学》2006 年第 1 期。

第四节　婚姻家庭纠纷适用行为保全具有必要性

一、婚姻家庭纠纷的损害具有不可弥补性

行为保全是建立在对他人行为作一定限制的基础上，因而通常会以存在"不可弥补的损害"作为核心条件。"不可弥补的损害"要件内涵不仅包含无法以金钱予以赔偿的层面，还指当事人之间利益衡量的结果必须是申请人利益的保护需求大于被申请可能遭受的损害。婚姻家庭继承案件所涉及的利益相比其他类型案件，更突显"不可弥补的损害"这一特征。婚姻家庭继承案件与普通财产性质案件的不同在于，前者以身份关系为基础，需要保护的利益是多元的，且以身份关系利益作为首要。离婚案件既涉及财产分割，同时又常常伴随抚养权的确定，未成年人子女利益在离婚案件中很容易遭受父母的侵害，如未成年人子女的父母相互推诿责任，导致离婚诉讼期间未成年人丧失了有效的监护，或者父母争夺抚养权而争抢、藏匿子女，上述行为对未成年人的身心健康以及情感都造成了严重的损害。就此有观点指出，家事保全具有职权性、高度裁量性、持续性及可变性的特点，除了保障判决实现，避免危险、防止损失外，还具有对纠纷系属中当事人生活状态的规制、义务的提前履行、促进纠纷公正就解决等功能。[①] 家事案件多涉及身份关系形成之诉，牵涉当事人以外其他人的利益，因身份关系的变动将引起财产关系的变动，对当事人及其他利害关系人的生活状态受到冲击。比如，家庭的照顾与教养功能会因婚姻关系的解除难以正常发挥。又如，探望权案件中一方亲权的行使受到对方的阻碍等或者原属于夫妻共同的财产因身份关系的变更而由另一方占有，导致一方生活难以维持。这些损害对于受到损害的一方来说，是永远无法弥补的或者会导致对方生活陷入困境。[②]

二、家事审判程序独有的功能

首先，家事审判程序重视对家事关系中弱者的保护力度。我国《民法典》

① 唐方恒：《家事保全程序研究》，暨南大学 2015 年硕士学位论文，第 9 页。
② 唐方恒：《家事保全程序研究》，暨南大学 2015 年硕士学位论文，第 9 页。

婚姻家庭编的宗旨是遵循男女平等、婚姻自由以及保护妇女、儿童和老人合法权益的基本原则，维护人伦秩序、家庭成员间的男女平等、养老育幼、保护弱者。[①] 我国虽然没有专门的家事程序立法，且未建立家事审判程序制度，但家事审判改革在司法实务中积极探索出了家事审判程序的特有规律。家事程序在保护弱者的价值上与《民法典》婚姻家庭编一脉相承，并发挥着弱者权利保护的功能。然而家事事件类型复杂，并且家事事件往往具有动态变化发展的特点，因此在本案判决生效或者调解生效之前，弱者权利保护的功能亟待本案程序之外的保全制度予以实现。比如，未成年人子女在离婚案件中虽然不是婚姻关系的当事人，但离婚诉讼却与子女的利益息息相关。然而，未成年人自身年龄、认识、经济、身体发育不成熟等多方面的客观因素决定其利益在离婚诉讼中容易受到某一方或者另一方的侵害。此时，可以允许未成年人通过法院的保全禁止一方的行为，或者强制一方作出行为。除未成年人外，在传统的婚姻家庭中主要承担家庭事务的妻子在离婚诉讼中也经常处于弱者地位，离婚诉讼生效前，掌握经济主导地位的丈夫一方非常容易以此来挟制妻子在离婚诉讼中的财产分割请求或者子女抚养的请求。因此，为了防止妻子陷入生活困境且处于诉讼不平等地位，若允许妻子请求法院裁定丈夫为一定给付，则可以保护妻子的合法权益。

其次，家事审判程序具有调整婚姻家庭秩序的功能。婚姻家庭案件常以身份关系的消灭、解除、建立为基础，在身份关系变动中形成新的权利义务关系。以婚姻关系解除为例，原来存续的合法有效的婚姻关系之解除将伴随夫妻双方对共同财产的分割，原有的夫妻共有关系因身份关系的变化而将变更为分别所有。比如，因被继承人的死亡而形成的继承人共同共有关系以及分割继承财产后的分别所有。这种身份关系的变化不仅对当事人个体的权利义务产生影响，同时也影响婚姻家庭伦理秩序和经济秩序。因此家事审判不仅调整婚姻家事案件中当事人之间的身份和财产关系，还延伸出调整婚姻家庭秩序的功能。家事程序需要用前瞻性的视角，对原有身份关系变更到新的关系形成过程中的秩序加以调整。例如，离婚诉讼中夫妻共同财产分割，裁判发生效力在新的身份关系和财产关系形成以前，夫妻共同财产维护家庭经济秩序的功能尚未完全消失，若一方转移、藏匿财产将破坏家庭经济秩序，

① 薛宁兰、金玉珍主编：《亲属与继承法》，社会科学文献出版社 2009 年版，第 31 页。

甚至影响新的秩序的建立。而未成年子女抚养问题更为凸显，夫妻关系解除裁判生效前，子女有权获得原有家庭秩序的安定和保护，一方将子女带离原有家庭使子女失去安定环境，打破了家庭秩序，损害了子女的利益。

三、现行保全体系不足以实现婚姻家庭保全功能

我国现行保全体系包括财产保全、行为保全和先予执行，财产保全适用于有给付诉讼中，以争议财产或者对方当事人的财产为对象，采用查封、冻结、扣押的保全措施，目的是保障将来判决的执行。行为保全与财产保全规定在同一个条文中，具体适用范围没有明确，但不同于财产保全的是，行为保全主要是为了防止遭受不可弥补的损害，针对当事人甚至有可能是案外人的行为，采取的保全措施更为灵活。《民事诉讼法》规定，针对特定的情形，在一定条件下可以申请法院在判决前为给付。《民事诉讼法》明确可以申请先予执行的情形包括：追索赡养费、扶养费、抚育费、抚恤金、医疗费用的；追索劳动报酬的；因情况紧急需要先予执行的。从制度内容来看，财产保全、行为保全和先予执行有重叠的地方，如法院采取扣押被申请人货物的保全措施时，为了确保标的货物不会灭失或者发生损毁，也可能在扣押的同时禁止被申请人将货物进行转移。后者与行为保全具有同质性，也可以理解为行为保全的措施内容。而先予执行自身就包含着要求一方为一定给付行为的内容，与行为保全中要求为一定行为具有重合性。因此，保全体系中的三个制度在适用时常常会造成法院的困扰，也影响申请人的申请权利，特别是在家事案件程序中，更易混淆适用而影响家事行为保全功能的实现。

财产保全仅适用于给付之诉，要求本案必须有财产给付之诉讼请求，如此保全确保判决得以执行才具有意义。可见财产保全的适用范围比较有限，不适用于形成之诉和确认之诉。然而家事诉讼中多数案件为形成之诉，也有不少给付之诉中涉及行为给付的内容，因此对于这些案件，难以通过财产保全来确保判决内容。不仅如此，家事诉讼中常伴有紧急情形，如夫妻一方对他方施加暴力需要紧急措施的禁止，或者一方在离婚诉讼中准备离境导致离婚诉讼无法继续。同时家事诉讼中包含的当事人经济、情况、伦理等多层次利益的损害是具有不可弥补性的。财产保全的功能及制度内容难以实现家事保全对紧急情形的应对和防止不可弥补损害的要求。

《民事诉讼法》中的行为保全规范以及《反家庭暴力法》有关人身安全

保护令的规范是家事行为保全的法律依据。但是《民事诉讼法》行为保全相关规则的建立源自知识产权领域的实践积淀，吸收了知识产权诉前禁令的精神和内容，相关精神和原则在普通的民商事诉讼中尚且可以通用，但在特殊的家事诉讼领域则难免出现不适。例如，诉前行为保全申请人提供担保具有强制性，不提供担保则法院不作出保全裁定的规定，在家事诉讼中未免过于苛刻。知识产权诉前禁令制度强调的是私益间的权衡，在申请人需要保护的利益大于被申请人限制的利益时，作出行为保全裁定即具有正当性。但由于两者都是个人私益的比较，加之诉前保全因紧迫性而降低了证明责任和程序规制，因此担保的强制可以有效调节两者的保全考量，亦为防止被申请人的损害提供有效机制。

然而，家事诉讼诉前行为保全背后建立的原理却与知识产权不同，因为家事事件不仅关涉当事人两方的利益，还会涉及相关第三人的利益甚至是公共利益。很多家事案件申请行为保全的紧迫性相较知识产权更为突出，因为所期待保护的利益是相比财产损害更为重要的人身利益，且申请人常常又是家事事件中的弱者一方。相对被申请人而言，弱者一方亟待保护的利益明显大于被申请人受到临时限制而遭遇的损害，此时财产保全的强制可能会因为抑制弱者一方寻求临时救济而显得缺乏正当性和必要性。因此家事行为保全应当在现行《民事诉讼法》规范的行为保全制度下作出一些特别的规定。

在《反家庭暴力法》实施以前，人身安全保护令以《民事诉讼法》关于行为保全的条款为法律依据，因此在实务中被认为是家事领域的行为保全。根据《反家庭暴力法》的规定，人身安全保护令适用的案件范围及适用情形都非常有限，虽然此前江苏反家暴条例中将离婚期间抢夺子女的情形也纳入人身保护令的适用范围，但人身安全保护令在保护家庭成员人身安全制度功能之下也难以广泛应用到其他事件中。

四、婚姻家庭领域行为保全的域外立法规范

德国有专门的《家事事件与非讼事件程序法》，调整对象包括监护事件、家事事件、照管及安置事件、收养事件、有关身份事件等。《家事事件与非讼事件程序法》总则编第四章专章规定了暂时命令程序。暂时命令程序是指，在实体法律关系规定正当而且存在需要立即实施行为的紧迫需要时，法院可以通过暂时命令采取临时性措施。通过临时措施，可以保全或暂时性确定现

存的状态，可以要求或禁止参加人实施一定的行为，尤其是禁止对标的物进行处分。在作出暂时命令时，法院也可以一并作出为实施该命令所需的命令。[①] 除总则中的规定外，《家事事件与非讼事件程序法》在亲子关系事件、家庭暴力事件以及收养事件章节中另行规定暂时命令。根据家庭事件的暂时命令程序作出的裁判，当事人不得声明不服，但是如果法院基于言辞讨论对父母照护儿童、将儿童交付另一方父母、申请儿童留在照料人或相关人处等，则不适用该规定。在抚养事件中，法院可以不受第 49 条的限制，依申请以暂时命令确定给付抚养费的义务或者预付法院程序费用的义务。在子女出生前，可以通过暂时命令确定给付子女出生后前三个月的抚养费的义务。

日本针对家事事件和人事诉讼亦有保全程序，在离婚诉讼中出现配偶一方不扶养另一方的情况时，扶养权利人在判决确定之前，需要对另一方作出继续扶养的假处分；或者在为了保全财产分割权的人事诉讼案件中也需要作出假处分；在离婚诉讼中，为了更好地保障未成年子女的合法权益，也需要作出确定子女监护人或教育方法的假处分。[②] 日本《家事事件程序法》第 105 条规定了审判前的保全处分，即家事审判事件系属家庭法院可以作出命令假扣押、假处分、选任财产管理人及其他必要保全处分的审判。在成年监护事件中，监护开始申请时，为了应受监护的成年人的生活、护理和疗养，有必要进行财产管理时，家庭法院可依申请或者职权，在就对监护开始申请的审判发生效力期间，不提供担保地选任财产管理人或者对事件关系人有关事项作出指示。[③] 在根据夫妻财产契约申请变更财产管理人的审判场合或者以遗产分割审判事件中，为保全强制执行、防止给事件关系人带来紧急的危险，家庭法院可以根据提出该申请的人或者夫妻另一方的申请，作出假处分或者其他必要的保全处分的命令。特别值得注意的是，在有关特别收养关系的审判事件、有关亲权的审判事件、未成年监护的审判事件中，为了未成年人的利益，法院均可以依申请在本案判决发生效力之前作出处分，如停止应成为养子女的人的亲权人或者监护人的职务执行。

---

① 郝振江、赵秀举译：《德日家事事件与非讼事件程序法典》，法律出版社 2017 年版，第 36 页。

② 颜卉：《家事诉讼立法中增设特殊行为保全制度研究——以家庭暴力案件中的人身安全保护令为切入点》，载《甘肃政法学院学报》2018 年第 6 期。

③ 郝振江，赵秀举译：《德日家事事件与非讼事件程序法典》，法律出版社 2017 年版，第 261 页。

我国台湾地区“家事事件法”针对家事事件亦有专门的保全程序及暂时处分。该种规定的理由在于，在家事事件中，常有夫妻对子女亲权行使意见不一、离婚夫妻会面的意思无法达成一致的情形，对未成年子女的利益有可能产生现实性危害。或者会有赡养费及抚养费需要暂时给付的情形，以及夫妻一方隐藏财产造成无法执行的情形。

第五章　民事行为保全在知识产权案件中的适用

第一节　典型案例的梳理和呈现

2018年11月26日，最高人民法院审判委员会第1755次会议通过了《最高人民法院关于审查知识产权纠纷行为保全案件适用法律若干问题的规定》，同年12月，最高人民法院发布了5起知识产权纠纷行为保全典型案例。这五起案例分别涉及商标侵权纠纷、著作权纠纷、专利权纠纷、商业秘密保护纠纷、信息网络传播权纠纷，几乎覆盖了知识产权领域纠纷的主要类型。①

近几年，行为保全案件在知识产权领域的适用范围越来越广泛，且法院对行为保全适用条件的阐释更为细致。我们可以从下列司法实务中法院裁判的观点出发，观察知识产权实务中行为保全制度的适用现状。

一、禁诉行为保全案②

（一）诉辩经过及裁判理由

2018年1月25日，华某公司（包括华某技术公司、华某终端公司、华某软件公司）向江苏省南京市中级人民法院提起三案诉讼，请求确认其在中国制造、销售、许诺销售移动终端产品的行为不侵害康某森公司享有的专利号为ZL00819……、ZL200580038……、ZL200680014……的发明专利权，并请求就康某森公司所有以及有权作出许可的、声称并实际满足2G、3G、4G标准或技术规范且为华某技术公司及其中国关联公司所实际实施的全部中国必要

---

① 2018年最高人民法院典型案例：（1）映脉公司与体娱公司不正当竞争纠纷案。（2）杨季康申请责令停止拍卖钱钟书书信手稿案。（3）美国礼某公司等与黄某某侵害商业秘密纠纷诉中行为保全案。（4）“网易云音乐”侵害信息网络传播权诉前行为保全案。（5）许赞有因申请停止侵害专利权损害责任纠纷案。

② （2019）最高法知民终732、733、734号之二。

专利，判令其根据公平、合理、无歧视原则对华某技术公司及其中国关联公司产品实施许可条件，包括费率。原审作出判决后，康某森公司不服向最高人民法院上诉。

与此同时，康某森公司于2018年4月20日，针对华某技术公司及其德国关联公司向杜塞尔多夫法院提起侵害标准必要专利权纠纷诉讼。康某森公司请求杜塞尔多夫法院禁止华某技术公司及其德国关联公司销售、使用、进口或拥有相关移动终端产品，告知相关侵权行为和销售行为、赔偿侵权损害、销毁并召回侵权产品。此后杜塞尔多夫法院作出一审判决，华某公司败诉。华某公司于康某森公司在中国的三个诉讼未获终审判决前，申请禁止康某森公司在本三案终审判决作出之前申请执行杜塞尔多夫法院判决。

法院裁判认为，针对华某公司的行为保全申请，应当从以下五个方面审查判断是否作出行为保全裁定：第一，被申请人申请执行域外法院判决对中国诉讼的影响；第二，采取行为保全措施是否确属必要；第三，不采取行为保全措施对申请人造成的损害是否超过采取行为保全措施对被申请人造成的损害；第四，采取行为保全措施是否损害公共利益；第五，采取行为保全措施是否符合国际礼让原则。

最高人民法院认为，被申请人申请执行的裁判依据与中国正在审理的案件（本案）在主体、审理对象以及行为效果上都对本案产生实质消极影响，该行为可能阻碍本案审理或者造成本案裁判难以执行，因此可针对该行为采取禁止性保全措施。

在是否具有采取行为保全措施的必要性问题上，应着重审查不采取行为保全措施是否会使申请人的合法权益受到难以弥补的损害或者造成案件裁决难以执行等损害。申请人华某公司及其德国关联公司会因被申请人执行域外判决的行为而退出德国市场，其所遭受的是市场损失和商业机会的丧失，是难以在事后通过金钱获得弥补的。并且执行德国判决将使华某技术公司不得不接受康某森公司高达原审法院确定的标准必要专利许可费率18.3倍的要价，并可能被迫放弃本三案中获得法律救济的机会。因此，对华某公司来说，其可能丧失的还有在中国诉讼中的救济权利。

第三个要审查的条件即双方利益权衡，不保全时申请人所遭受的损害是否超过被申请人被保全遭受的损害。不采取行为保全措施对申请人造成的损害超过采取行为保全措施对被申请人造成的损害的，可以认定采取行为保全措施具有合理性。而且，不采取行为保全措施对申请人造成的损害超过采取行为保全措施对被申请人造成的损害的程度越高，采取保全措施的合理性就越强。在本案中，不作出行为保全对华某公司的影响是遭受被迫退出德国市场或者被迫接受许可要价、放弃在中国法院的法律救济等难以弥补的损害；作出行为保全对康某森公司的影响是暂缓德国法院判决执行，而康某森公司的核心利益是获得经济赔偿。两者利益衡量发现，不采取行为保全措施对华某技术公司造成的损害明显超过采取行为保全措施对康某森公司的损害，故采取行为保全措施具有合理性。

除此之外，在判断是否采取禁止被申请人为特定行为的行为保全措施时，还应该审查采取该行为保全措施是否会损害公共利益。本案中行为保全的对象是禁止康某森公司在本院终审判决作出前申请执行杜塞尔多夫法院的停止侵权判决，不影响公共利益。

最后，还应考量国际礼让因素。考虑国际礼让因素时，可以考查案件受理时间先后、案件管辖适当与否、对域外法院审理和裁判的影响是否适度等。由于本案既不影响德国诉讼的后续审理推进，也不会减损德国判决的法律效力，仅仅是暂缓了其判决执行，因此对德国判决的影响在适度范围内。

（二）本案值得关注的问题

1. 行为保全适用范围的扩大

该案的典型性在于扩大了行为保全的案件适用范围，进一步在司法实务中明确确认之诉可以申请行为保全，且行为保全的对象可以是当事人的某个具体的诉讼行为。

本案原告华某公司在中国提起的是确认不侵害知识产权纠纷案，属于民事诉讼中的消极确认之诉，原告的诉讼请求中并没有明确的行为给付请求内容，但是并不因此影响其在本案中提出行为保全申请。本案的一个重要指引是，行为保全适用的案件范围并不限于给付请求的案件，还包括确认之诉，特别是在消极确认之诉中，虽然原告仅就不构成侵权要求法院予以确认，原告仍旧可以申请行为保全。前文已经论及，知识产权领域消极确认之诉中的被告可以成为行为保全申请的主体，因为对于不侵权确认之诉中的被告而言，其权利是否遭受侵害在尚未得到法院终审判决明确以前，存在正在被侵害以及持续地遭受侵害的可能。而本案中恰好相反，是不侵权确认之诉的原告在诉讼中对对方的行为限制提起了行为保全申请。

除此之外，本案财产保全申请的对象是“暂缓被申请人就外国的判决申请执行”，即行为保全适用范围并不限于本案请求，在对《民事诉讼法》（2021 年修正）第一百零三条中“责令其作出一定行为或者禁止其作出一定行为”内容进行解释时，适用范围可以有所扩大。最高人民法院的禁诉裁定并不是国内第一个限制诉讼行为的裁定，在知识产权司法实务中，还有此类禁诉的行为保全申请获得了法院的支持。

2. 法院审查行为保全的要件

最高人民法院在作出行为保全裁定前审查了五个要件，其中三个在知识产权行为保全案件中能够普遍适用。必要性审查，即申请人的合法权益是否受到难以弥补的损害或者造成案件裁决难以执行等损害；利益权衡审查，即不保全时申请人所遭受的损害是否超过被申请人被保全遭受的损害；公共利益审查，即行为保全会不会损害公共利益。另外两个要件系基于个案的特性，即本案限制的是被申请人申请他国判决的申请行为，因此需要分析我国司法管辖范围和国际司法礼让的因素。个案中作出的符合具体个案特性的分析显然是必要的，但是容易对司法实务中法院标准的适用统一性产生疑惑。

3. 对“确保将来判决得以执行”的解释

行为保全具有保全性和应急性，其目的是确保将来的判决能够获得执行、申请人依据判决确定的权益能够最终得以实现。因此，在行为保全的语境下，考察当事人一方的行为是否会造成案件判决难以执行时，其聚焦的核心问题是，如果不采取保全措施，一旦当事人实施该行为，能否确保判决对当事人发生拘束力和执行力，申请人依据判决确定的权益能否最终得以实现。至于判决内容本身是否适合直接强制执行，并非判断当事人的行为是否可能造成案件判决难以执行时需要考虑的内容。最高人民法院在本案中就“确保将来判决得以执行”进行了适用解释，给实务中裁判行为保全时判断“确保将来判决得以执行”作出了指引。本案系确认之诉，诉讼请求不涉及给付内容，从申请层面来看，不具有给付内容的生效判决不成为执行依据，因此容易造成逻辑上将“确保执行”等同于必须是给付判决的狭隘解释。本案中最高人民法院将“判决得以执行”扩大解释为“确保判决对当事人发生拘束力和执行力”，使得在其他诉讼类型中行为保全的适用具有了合理性。

4. 对“不可弥补的损害”的解释

行为保全必须具有必要性的重要判断因素，即是否给申请人带来了不可弥补的损害。而“不可弥补的损害”是一个非常抽象的概念，其外延需要在个案中结合案例的具体情况加以阐释，但是规律性的总结是，“不可弥补的损害”是不能用经济补偿加以弥补的一种损害结果，遭受损害的利益不是单纯的经济利益。正如案例中分析的，华某公司在本案中因被申请人执行域外判决可能遭受的利益损害包括多个层面：既包括有形的物质损害，又包括商业机会和市场利益等无形损害；既包括经济利益损害，又包括诉讼利益损害；既包括在德利益损害，又包括在华利益损害。

不仅如此，在权衡利益受损的范围时，并不以本案诉讼请求的范围作为必须。原裁定的利益衡量范围与华某技术公司的诉讼请求范围并无直接关联。行为保全裁定不同于案件实体判决，申请人不限于原告，应予考虑的受损利益也不限于原告诉讼请求。审查行为保全申请时，利益衡量的范围和限度取决于作为行为保全申请对象的行为对申请人和被申请人的影响范围和程度。

5. 行为保全采用优势证据证明标准

根据《最高人民法院关于民事诉讼证据的若干规定》第八十六条第二款之规定，与诉讼保全、回避等程序事项有关的事实，人民法院结合当事人的说明及相关证据，认为有关事实存在的可能性较大的，可以认定该事实存在。华某技术公司申请的行为保全属于诉讼保全范畴，有关事实认定适用优势证据证明标准，而非高度盖然性标准。

6. 行为保全担保与反担保的效力

《民事诉讼法》第一百零三条规定，诉讼保全，人民法院采取保全措施，可以责令申请人提供担保，申请人不提供担保的，裁定驳回申请。第一百零四条规定，诉前保全，申请人应当提供担保，不提供担保的，裁定驳回申请。担保在诉中保全为法院裁量的事项，在诉前保全则为强制担保。财产纠纷案件，被申请人提供担保的，人民法院应当裁定解除保全。申请人担保在诉前保全和诉讼保全中有所不同，诉前担保具有强制性，不提供担保则法院将驳回保全申请。被申请人提供反担保，在财产保全中具有解除保全的效果。但是行为保全被申请人是否可以通过反担保来解除行为保全，立法未予以明确。从上述案例法院的裁判来看，被申请人的反担保不具有解除担保的当然效力，而是法院裁量的事项。最高人民法院在本案中的裁判指引是，提供反担保是否产生解除担保的效果与反担保的提供是否能够弥补申请人的损害有关。例如，德国康某森公司提供了 240 万欧元的担保，但最高人民法院认为其担保不能弥补华为公司在华的诉讼利益，因此未以此驳回华为的行为保全申请。

二、反向行为保全案[①]

（一）案情简介及裁判要旨

自 2017 年 12 月起，田某红、刘某波、世某公司分别以著作权侵权为由，通过阿某巴巴知识产权保护平台，针对徐某山的店铺共发起了 23 次投诉，导致徐某山店铺内 12 条热销商品链接被删除。徐某山认为田某红、刘某波、世某公司提交的投诉材料大多是经过伪造、变造的虚假材料，具有明显的主观恶意，且情节恶劣。秋冬季节是阿胶包装盒的销售旺季，若在诉前不及时采取行为保全措施，可能会对涉案商品销售造成严重影响，给徐某山造成无法挽回的损失。因此，徐某山向法院申请行为保全。

法院认为田某红、刘某波、世某公司涉嫌共同构成不正当竞争，加上涉案店铺销售的商品具有时令性，销售链接被删除导致的损失不可逆；一旦商品链接因涉嫌侵权被下架删除后，即使发现系误删后进行恢复，该链接的排名、引流能力也将不复从前。并且，不采取行为保全措施对徐某山造成的损害明显超过了采取行为保全措施对田某红、刘某波、世某公司造成的损害。因此法院裁定田某红、刘某波、世某公司立即停止针对徐某山淘宝店铺向淘宝公司提起知识产权侵权投诉的行为，保全期限至 2020 年 2 月 29 日止。

（二）反向行为保全值得关注的几个问题

本案与其他行为保全案件有很大不同，并非知识产权权利人要求侵权人停止侵权，而是被投诉的“侵权人”申请法院停止投诉行为的“反向行为保全”。本案针对《电子商务法》规定的“恶意通知”行为，被通知人可以向法院申请诉前或诉中行为保全，请求法院责令通知人撤回通知或者禁止通知人继续发出通知。法院可以从通知人的恶意程度、通知人的恶意通知行为对被投诉店铺的影响程度、不采取行为保全措施对被通知人造成的损害是否超过采取行为保全措施对通知人造成的损害以及采取行为保全措施是否损害社会公共利益等多个方面审查认定是否准许保全。

本案作为网络不正当竞争案，被投诉的“侵权人”向法院申请撤回通知

---

① （2019）浙 0110 行保 1 号。

或禁止继续通知，在知识产权纠纷领域具有典型的意义，并且应用反向侵权的案件数量也日益增加。但是由此引发的问题也值得思考和进一步研究。第一，从目前裁判实务来看，反向行为保全的案件范围主要是不正当竞争案件，特别是电子商务领域的不正当竞争。反向行为保全赋予被投诉“侵权人”通过临时救济以防止损失扩大的权利，通过反向行为保全来遏制投诉人的恶意竞争行为。由此，反向行为保全是否可以在知识产权的其他案件中广泛适用，需要进一步结合反向行为保全的特殊功能以及案件类型的特点加以讨论。第二，本案明确了法院裁判反向行为保全的要件是“通知人的恶意程度、通知人的恶意通知行为对被投诉店铺的影响程度、利益权衡及公共利益”，与前述知识产权保全的裁判要件有明显不同之处。在此值得讨论的是，为更好发挥反向行为保全的功能，有必要明确反向行为保全的裁判要件。其中“通知人的恶意程度”要件采用何种标准来判断，主观抑或客观？“恶意程度”要件中是否包含通知人行为构成“不正当竞争”的内容？

三、互联网不正当竞争行为保全案[①]

（一）诉辩过程及裁判要旨

腾某公司以武汉骏某公司研发、销售、运营专门针对微信产品进行功能设置的侠客群控智能营销系统的行为构成不正当竞争为由提起诉讼，案件受理后，腾讯公司申请行为保全，请求法院裁定被申请人立即停止不正当竞争行为。

腾某公司认为，武汉骏某公司宣传、推广、销售专门针对微信软件进行功能设置的侠客群控智能营销系统，使用主控电脑对多台终端手机进行批量控制，针对微信软件执行规模化、自动化营销的 44 个功能，属于违规获取用户信息、批量添加微信好友、多渠道批量营销等恶意行为，同时进行技术对抗，使申请人难以通过平台治理消除该危害，不仅严重破坏了作为微信基础的社交生态，损害申请人经营利益，亦严重侵害了微信用户权益乃至社会公共利益，扰乱微信生态系统的竞争秩序，构成不正当竞争，

武汉骏某公司辩称，其行为是技术创新，满足了网络用户节约时间和成本、提高效率的要求，是减少沟通成本的新技术、新应用，不应颁发临时禁令。

---

① （2019）粤 03 民初 1914 号之二。

法院裁判认为，武汉骏某公司的行为使得微信的经营者丧失了本可吸引网络用户注意力而可能获得的广告收入等增值收益的机会和竞争优势，损害了微信产品的商誉，加大了微信服务器的运营负担，给微信平台经营者造成实际损害。该行为本质上是不正当地利用申请人构建的微信生态系统的市场成果，抢占微信用户的注意力，获取自身商业利益，使申请人丧失了相应的市场成果。司法救济程序需要一定时间才能作出最终的裁判结果，如果不及时对涉案不正当竞争行为采取保全措施，将会给申请人造成不可逆转的损害。

（二）本案中值得关注的几个问题

本案是比较典型的互联网不正当竞争行为保全案，随着“互联网+”经济模式的快速发展，互联网市场恶性竞争行为频发导致市场秩序失衡，严重影响互联网市场有序发展。由于互联网不正当竞争行为容易造成权利人商誉损害、相关市场份额明显减少等难以弥补的损害，因此行为禁令在互联网不正当竞争纠纷中的司法救济功能显得尤为突出。法院裁判要旨表明，临时禁令适用的法律依据，应当结合《反不正当竞争法》第二条一般条款的构成元素和判断范式，来具体认定涉案软件批量营销功能行为属于《反不正当竞争法》第十二条“互联网专条”第二款兜底性概括条款规定的其他妨碍、破坏行为。临时禁令适用的事实基础认定要素，应当以“流量经济”、“注意力竞争”、“免费+增值服务收费和广告收入”、双边市场商业模式等互联网经济的显著特征为基础，认定涉案行为导致刷流量市场失序，不属于提高网络用户使用效率的技术创新，而是损害申请人、消费者权益的不正当竞争行为。

作为比较典型的互联网不正当竞争行为保全案，本案有几个问题值得关注。

1. 互联网不正当竞争行为保全的裁判要件

本案裁判行为保全时重点审查了武汉骏某公司的行为是否构成“不正当竞争”。对于是否具有不正当竞争的事实，法院从四个方面进行了审查：第一，被申请人的竞争行为是否损害被申请人的合法权益。本案中被申请人基于申请人已经拥有庞大用户群的微信生态系统，利用群控技术争夺微信用户的注意力，为自己或者他人争取交易机会，该行为损害了申请人腾某公司微信生态系统所争取到的网络用户注意力和与此相关的交易机会。第二，被申请人的竞争行为是否损害消费者权益。主要从是否损害网络用户的自主选择权、知情权、隐私权等消费者权利以及对可能被涉案竞争行为制造的虚假营销信息欺骗甚至被诈骗的危害进行风险评估。被申请人涉案竞争行为产生的是大量的虚假流量，会欺骗、误导网络用户选择与其预期不相符的网络产品，甚至会成为网络诈骗的工具，损害了消费者的权益。并且这种虚假流量会使微商成为受害者，使其推广的产品不能真正获得市场认可。第三，竞争行为是否违反诚信原则和公认的商业道德。认定某项技术是否符合价值中立要求，需要考察技术使用者不存在损害他人合法权益的主观过错。被申请人在涉案侠客群控智能营销系统专门针对微信软件定制开发44个功能，用于在微信平台进行规模化批量营销的功能，具有明显的主观恶意这种以伤害其他经营者正当合法利益为代价的竞争不符合商业道德，也不应当被法律所认可。第四，被申请人竞争行为是否破坏公平竞争的互联网市场秩序。涉案软件针对微信定制开发44项用于在微信平台进行规模化批量营销的功能，制造虚假流量，危害微信平台的商业模式，扰乱微信刷流量市场秩序，本质上是不正当地利用申请人构建的微信生态系统的市场成果，损害申请人的合法权益，同时，这种为自己谋取商业机会从而获取竞争优势的行为，也破坏了互联网环境中公平竞争的市场秩序。①

法院在上述裁判观点中指明了互联网不正当竞争行为界定的四个要素，从实体的角度进一步为此类行为保全对侵权事实的认定提供引导。但是，互联网不正当竞争行为保全是否还须审查“不可弥补的损失”、“利益衡量”及“公共利益”等其他要件，以及法院在行为保全阶段即对不正当竞争行为事实基础进行了审查，存在程序保障不足的嫌疑，仍须就审查程度、程序保障等作深入讨论。

2. 互联网不正当竞争行为保全的纠纷解决功能

在互联网不正当竞争案件中，法院通过颁发临时禁令来规制市场失序行为，促进知识产权的保护。其中非常重要的是，禁令的发布会促使侵权人与被侵权人就知识产权赔偿达成协议，很多情况下甚至无须等到法院最终的裁判双方即可和解。而双方的和解协商也更加能够接近市场对知识产权赔偿金额的调节，使得赔偿金额符合知识产权的市场价值。

行为保全在纠纷解决功能方面越来越突出，司法实务中的探索有助于我们进一步探究行为保全纠纷解决功能的限度以及与此功能相适应的制度将如何完善。

---

① 参见（2019）号03民初1914号之二，该案件中的法官观点。

四、侵犯商业秘密行为保全案[①]

（一）案情简介及裁判要旨

美国礼某公司、礼某中国公司起诉黄某某侵害技术秘密，同时提出行为保全申请，要求法院责令被告不得披露、使用或者允许他人使用从申请人处盗取的 21 个商业秘密文件。

此案为 2012 年《民事诉讼法》引入行为保全条款后在反不正当竞争领域保护商业秘密权利人的非常典型的案例。由于商业秘密对秘密性的要求非常高，并且一旦公之于众将使权利人丧失对信息的权利。《民事诉讼法》增加行为保全条款前，我国知识产权法律体系中并没有对反不正当竞争行为保全的规定，因此本案无疑是商业秘密侵权救济中重要的里程碑。

法院裁判要旨明确：2012 年修正的《民事诉讼法》引入了行为保全措施，弥补了《反不正当竞争法》及相关司法解释未规定行为禁令的缺憾，有利于商业秘密权利人及时有效地寻求救济措施。法院要综合考虑原告胜诉的实质可能性、如不发布禁令将遭受无可挽回损失的实质性威胁、原告可能受到的损害大于对被告的任何潜在损害、发布禁令不违反公共利益等因素作出裁定。在裁判中，还要关注原告诉请与禁令申请统一、临时禁令与终局裁判关系、审执兼顾等问题。不作为行为禁令的执行需要被申请人的配合，法院应当通知被申请人到庭，送达裁定并告知法律义务，以增强被申请人履行生效法律文书的自觉性。

更何况，由于涉及药物研发信息，权利人提交的 21 个商业文件的内容是否符合商业秘密秘密性的构成要件，在没有听取相关专家意见的情况下，法院的确难以作出准确判断。

但是，本案的特殊性在于：1. 被申请人黄某某已经确认其违反公司规定下载了 33 个属于公司的保密文件（其中包括 21 个权利人主张作为商业秘密保护的文件），并承诺授权公司指定人员删除上述文件。据此，被申请人通过非法手段获取权利人作为商业秘密保护的保密文件的事实是显而易见的。2. 商业秘密存在着一旦丧失就永远丧失的特性。涉案商业文件已经处于被申请人的掌控之下，一旦被申请人外泄，上述电子文件的内容很可能就会被竞

---

① （2013）沪一中民五（知）初字第 119 号。

争对手获悉或者进入公共知识领域，从而丧失秘密性，使得权利人的利益遭受无可挽回的损失。3. 从案件事实来看，被申请人作为自然人主体，相对于权利人而言，禁止被申请人披露、使用或允许他人使用涉案商业文件并不会对其造成损害。更何况，权利人也向法院提交了担保金，以防止万一可能出现的损害。综合上述因素，法院最终对被申请人发布了行为禁令，同时告知其申请复议的时限，以利于被申请人行使自己的抗辩权利。

（二）本案中值得关注的几个问题

1. 商业秘密案件行为保全的裁判要件

在商业秘密侵权诉讼中，禁令救济对于权利人的保护十分重要，但是，并非权利人提出禁令申请就会获得法院准许，因为临时禁令是一种特殊的救济措施，不仅能够保障未来生效判决的顺利执行，而且在一定程度上会使得申请人提前获得终局救济全部或部分的利益。在司法实践中，禁令颁布法院的裁判要件及证明程度是非常核心的问题。在商业秘密保护法制最为发达的美国，法院在相关案例中指出，寻求获得预先禁令救济的当事人必须证明：①原告胜诉的实质可能性；②如不发布禁令将遭受无可挽回损失的实质性威胁；③原告可能受到的损害大于对被告的任何潜在损害；④发布禁令不违反公共利益。同时，法庭在适用上述标准时并不是机械地考量上述要件，而是灵活地根据具体情况对各个因素予以综合权衡，作出最为公平合理的决定。

从法院裁定中可以看出本案法院裁判的要件为：原告胜诉的实质可能性；如不发布禁令将遭受无可挽回损失的实质性威胁；原告可能受到的损害大于对被告的任何潜在损害；发布禁令不违反公共利益。但是“原告胜诉的实质可能性”要件在商业秘密案件中是比较难以证明的，因为从国内司法实践情况来看，商业秘密案件胜诉率并不高，权利人要在立案之初证明其具有胜诉的实质可能性难度较大。

2. 诉讼请求与禁令申请统一的问题。本案引发的另外一个问题是权利人申请行为保全的申请内容是否必须与诉讼请求一致，可否超出诉讼请求的范围。本案法院的观点是认为权利人起诉时，请求法院判令被告停止侵犯原告商业秘密，并明确具体内容为要求被告删除及不得披露、使用或允许他人使用涉案的 21 个商业文件，因此法院审查权利人禁令申请时只能局限于其诉讼请求的范围之内，而不允许另行增加。

3. 临时禁令与终局裁判的关系问题。从行为保全的申请来看，其申请内容与诉讼请求一致，当事人在诉讼中申请行为保全，需要厘清临时禁令与终局裁判的关系。法院认为，本案正处于审理阶段，商业秘密能否成立、是否属于《反不正当竞争法》所保护的法律利益尚未定论。预先禁令的作出不能埋下与最终裁判相互矛盾的隐患。因此，裁定主文采取了比较谨慎的表述，即“禁止被申请人黄某某披露、使用或允许他人使用申请人美国礼某公司、礼某（中国）研发有限公司主张作为商业秘密保护的 21 个文件”。此表述中强调法院现阶段禁止被申请人披露、使用或允许他人使用的 21 个文件是申请人“主张作为商业秘密”的文件，而非最终定论构成商业秘密的文件。

4. 商业秘密侵权诉讼中行为保全措施的执行方式

法院在本案裁判中评析，行为保全不同于财产保全，特别是在保全执行的措施选用上。而商业秘密侵权中，禁止当事人实施一定行为比要求当事人作出一定行为的执行难度更大。因为禁止当事人实施一定行为有赖于当事人的自觉性，而这种自觉性并不能为法院执行人员所能客观感知，从而增加了裁定执行的不确定性。这种不作为行为的裁定，主要依赖生效法律文书的威慑力。只有增强生效法律文书的威慑力，才能保证当事人自觉履行法院裁定。因此，在本案裁定作出之后，法官并非简单地送达法律文书，而是传唤被申请人到法院谈话，当庭告知其裁定的内容及违反裁定的后果。被申请人当庭书面承诺表示愿意遵守法院裁定，并在事后提交法院的答辩材料中，陈述其已经损毁了存储下载文件的硬盘装置，并附上照片佐证。因此针对禁止当事人某个行为的执行，采用这种告诫措施能够取得较好的法律效果。

五、商标侵权行为保全纠纷案①

（一）诉辩过程及裁判要旨

北京稻某村公司认为北京苏稻公司和苏州稻某村公司在 1 号店、苏某易购、我某网、京某商城、天某商城等电商平台销售了带有“稻某村”扇形商标、“稻某村”文字商标以及“稻某村集团”文字商标标识的糕点等商品，构成对申请人上述第 1011610 号“稻某村”文字注册商标专用权以及其在糕点类商品上使用的“稻某村”未注册驰名商标权益的侵犯。因此在诉讼中提出行为保全申请，请求被申请人北京苏稻公司和苏州稻某村公司立即停止在 1

① （2015）京知民初字第 1606 号。

号店、苏某易购、我某网、京某商城、天某商城等电商平台销售带有“稻某村”扇形商标、“稻某村”文字商标以及“稻某村集团”文字商标标识的蛋糕、糕点、月饼、面包、饼干、粽子、年糕等商品，并立即停止在1号店、苏某易购、我某网、京某商城、天某商城等电商平台的宣传推广中使用“稻某村”扇形商标、“稻某村”文字商标以及“稻某村集团”文字商标标识。

被申请人北京苏稻公司、苏州稻某村公司不同意采取行为保全措施，并提出，申请人的权利依据模糊，并未明确被诉侵权行为所侵犯的商标专用权，以及提交的证据不能明确侵权产品的范围；涉案商标处于无效宣告司法审查阶段，无法确定被申请人的行为是否构成侵权；并且申请人未提供担保。随后，申请人北京稻某村公司向法院补充提交了指控两被申请人侵权的7份公证书等证据并提供了担保。法院就北京稻某村公司补充提交的相关证据听取了双方当事人的意见。

法院认为是否作出行为保全应当从以下四个方面进行审查：1. 被申请人正在实施或者即将实施的行为是否侵犯注册商标专用权；2. 不采取有关措施，是否会给申请人合法权益造成难以弥补的损害；3. 申请人提供担保的情况；4. 责令被申请人停止有关行为是否损害社会公共利益。具体审查以下因素：（1）申请人是否是权利人或利害关系人；（2）申请人在本案中是否有胜诉可能性；（3）是否具有紧迫性，以及不立即采取措施是否可能使申请人的合法权益受到难以弥补的损害；（4）损害平衡性，即不责令被申请人停止相关行为对申请人造成的损害是否大于责令被申请人停止相关行为对被申请人造成的损害；（5）责令被申请人停止相关行为是否损害社会公共利益；（6）申请人是否提供了相应的担保。

最终法院裁定被申请人立即停止在1号店、苏某易购、我某网、京某商城、天某商城等电商平台销售带有“稻某村”扇形标识、“稻某村”标识的糕点等产品；立即停止在上述电商平台的涉案糕点等产品宣传推广中使用“稻某村”扇形标识、“稻某村”标识；立即停止在1号店、苏某易购、我某网、京某商城、天某商城等电商平台销售带有“稻某村集团”标识的粽子等产品；立即停止在上述电商平台的涉案粽子等产品宣传推广中使用“稻某村”、“稻某村集团”标识。

（二）本案值得关注的几个问题

1. 商标侵权行为保全审查条件

本案法院裁定行为保全的要件实质上有六个，即申请人是否是权利人或利害关系人；申请人在本案中是否有胜诉可能性；是否具有紧迫性，以及不立即采取措施是否可能使申请人的合法权益受到难以弥补的损害；损害平衡性，即不责令被申请人停止相关行为对申请人造成的损害是否大于责令被申请人停止相关行为对被申请人造成的损害；责令被申请人停止相关行为是否损害社会公共利益；申请人是否提供了相应的担保。而“申请人是否是权利人或利害关系人”要件与“胜诉可能性”要件是对“被申请人正在实施或者即将实施的行为是否侵犯注册商标专用权”的具体解释。本案上述裁判要件的确定与其他类型知识产权案件的裁判要件有相同之处，但同时也存在细微的差别。比如，对侵权事实基础的裁判，本案采用的是“主体+胜诉可能性”两个条件的模式，即这两个条件都需要申请人证明。无疑，两个条件同时需要得到证明进一步加重了申请人的证明难度。

另外，本案将提供担保也作为法院裁判的要件之一，但值得注意的是，本案系诉讼中行为保全，而根据《民事诉讼法》的规定，诉中财产保全法院可以责令当事人提供担保，即是否提供担保是法院可以裁量的范围。由此提出的问题是，提供担保是否系行为保全的裁判要件之一，还是应当作为裁量因素，以及法院裁量的适用条件是否有必要进一步明确。

2. 法院保障当事人的辩论权

本案还有一个问题特别值得关注，即法院在作出行为保全裁定前充分听取了当事人的辩论意见，其中包括口头的辩论以及允许当事人就焦点问题补充证据。目前我国立法对行为保全和财产保全采用何种程序没有明确规定，司法实务中通常是通过听证的方式来听取当事人的意见，一些情况紧急的案件也可能不经过听证就立即采取保全措施。对此，听证程序是否是行为保全之必须，以及听证程序的程序要素应否有明确要求，这些问题都应当得到回应，以进一步完善行为保全程序，为司法实务提供指引。

六、专利侵权行为保全案①

（一）诉辩过程及裁判要旨

瓦某奥公司系“机动车辆的刮水器的连接器及相应的连接装置”专利权人。其发现卢某斯公司、富某公司和陈某强未经许可制造、销售、许诺销售的雨刮器产品落入其专利的权利要求保护范围，构成对其专利权的侵犯，故诉至上海知产法院，请求判令三被告停止侵权行为并赔偿，还提出了临时禁令申请。上海知产法院认定卢某斯公司、富某公司构成侵权并判令其停止侵权，亦因此未对临时禁令申请作出处理。卢某斯公司、富某公司不服上述部分判决，于是向最高人民法院提起上诉。二审法院在认定卢某斯公司和富某公司上诉请求不成立的同时，对瓦某奥公司的行为保全申请进行回应。法院认为，原审法院虽已作出关于责令停止侵害涉案专利权的部分判决，但并未生效，专利权人继续坚持其在一审程序中的行为保全申请。虽然该行为保全申请与判令停止侵害的部分判决在内容上存在重叠的可能，在功能上与尽快明确各方当事人之间的法律关系状态、提高纠纷解决效率具有类似之处，但作为两种不同的制度设计，责令停止侵害的行为保全申请在特定情况下仍具有独特价值。例如，当发生申请人利益被侵害的紧急情况或者给申请人造成损害的其他情况，判令停止侵害的部分判决因处于上诉状态而尚未发生效力时，责令停止侵害的诉中行为保全措施可以起到及时制止侵权行为的效果，更加有效保护专利权。特别是，在我国相关民事诉讼法律并未规定未生效判决临时执行制度的现实情况下，责令停止侵害的行为保全的价值更加明显。

鉴于此，第二审人民法院对于停止侵害专利权的行为保全申请，可以考虑如下情况，分别予以处理：如果情况紧急或者可能造成其他损害，专利权人提出行为保全申请，而第二审人民法院无法在行为保全申请处理期限内作出终审判决的，应当对行为保全申请单独处理，依法及时作出裁定；符合行为保全条件的，应当及时采取保全措施。此时，由于原审判决已经认定侵权成立，第二审人民法院可根据案情对该行为保全申请进行审查，且不要求必须提供担保。如果第二审人民法院能够在行为保全申请处理期限内作出终审

① 瓦某奥清洗系统公司与厦门卢某斯汽车配件有限公司、厦门富某汽车配件有限公司、陈某强侵害发明专利权纠纷案【法宝引证码】CLI. C. 84182796。

判决的，可以及时作出判决并驳回行为保全申请。

本案中，瓦某奥公司在二审程序中坚持其责令卢某斯公司、富某公司停止侵害涉案专利权的诉中行为保全申请，但是瓦某奥公司所提交的证据并不足以证明发生了给其造成损害的紧急情况，且法院已经当庭作出判决，本案判决已经发生法律效力，另行作出责令停止侵害涉案专利权的行为保全裁定已无必要。因此，对于瓦某奥公司的诉中行为保全申请，法院不予支持。

（二）本案值得关注的几个问题

1. 行为保全裁定与本案判决

本案争点在于，在一审判决确认侵权行为成立的情况下，被侵权人是否还能申请法院行为保全。在本案中，瓦某奥公司在一审诉讼中申请行为保全，而法院未予处理，在一审判决胜诉但未生效的情况下，瓦某奥向二审法院申请了行为保全。从二审法院的裁判理由来看，行为保全与本案判决各自承担的功能有所偏重，后者以纠纷得到最终解决为主要目的，行为保全则在及时制止侵权、防止损害扩大的功能上更为凸显，因此本案判决作出后具备了拘束力，但尚未获得执行力。由于本案判决在未获执行力的情况下对于正在实施的侵权行为无法立即产生禁止效力，因此行为保全的临时救济功能就更显必要和独立。这里引发的思考是，如果一审被侵权人败诉，其在二审是否必然不能再申请行为保全。

2. 行为保全的救济

我国针对行为保全救济采用的是“复议”，即当事人针对法院作出的保全裁定不服的，可以向人民法院申请复议。但是针对本案中原审法院对当事人行为保全申请不予书面裁定的情形，当事人又应当如何救济，行为保全有关立法对此尚未作出规定。

第二节 知识产权领域行为保全重要问题回应

一、行为保全的功能延伸

随着行为保全的深入研究以及在司法实务中的广泛应用，行为保全的功能从“确保判决执行”和“防止损失扩大”向解决纠纷进行延伸。在上述腾某公司诉武汉骏某公司不正当竞争纠纷案中，法院对武汉骏某公司作出禁令，促使被申请人及时与申请人就不正当竞争所造成的损失进行和谈，对双方化解纠纷起到了积极的推动作用。近年来，司法实务中越来越多的案件在未进入正式审理前或者在裁判作出前，基于保全行为而促使双方在庭外进行和解或者愿意在诉讼中达成调解，保全的纠纷解决功能越发凸显。特别是行为保全，由于其是对被申请人的某项具体行为予以禁止或者要求被申请人为某个行为，很多情况下反担保并不能有效解除法院的保全，因此更能促发被申请人积极地加入纠纷解决中来。

在 O 某广东移动通信有限公司、O 某广东移动通信有限公司深圳分公司与夏普株式会社的专利侵权行为保全一案中①，夏普株式会社在域外首先针对 O 某公司提起专利侵权诉讼。O 某公司认为，夏普株式会社单方面就谈判范围内的专利提起诉讼并要求禁令的行为违反了 FRAND 义务②。鉴于夏普株式会社可能以“域外禁令”压迫其进行谈判，O 某公司向法院提出行为保全申请。申请系请求法院发出禁令，禁止夏普株式会社在此期间向其他国家、地区的司法机关以本案所涉全部、部分或者某一专利为权利依据，针对 O 某公司及关联公司提出新的专利侵权诉讼，和/或要求新的司法禁令。我国法院对 O 某公司的行为保全进行了受理并裁定促成了双方达成和解，O 某公司撤诉。在夏普株式会社单方提出诉讼并要求禁令的情况下，双方在谈判地位上出现了一方压倒另一方的局面，而我国禁诉行为保全的作出对 O 某公司与夏普株式会社的平等谈判和和解协议提供了契机。

当然对于行为保全促进纠纷解决的功能，有学者认为这是民事保全的外部功能，有“无心插柳柳成荫”的意味。③ 目前我国民事纠纷解决机制体系包括和解、调解、仲裁、诉讼等，作为公力救济的诉讼，解决纠纷具有终局性，是其他机制的保障。但是诉讼与生俱来就具有一定弊端，司法的强制性决定诉讼程序的设置应当充分保障当事人的程序权利，因此诉讼的过程相比其他纠纷解决机制更为复杂和程式化。纠纷进入诉讼轨道后，需要历经漫长的过程才能最后得到终局的裁判。行为保全的这种“无心插柳”的功能是行

① （2020）粤 03 民初 689 号之一。

② Frand 义务即意味着专利所有者将根据公平、合理和无歧视条件来许可标准实施者使用该专利。

③ 张宝成：《民事行为保全制度研究》，中国人民大学博士学位论文 2017 年，第 28 页。

为保全制度在司法实务中发展而来，并且在域外也已经有很多的实例来凸显这个功能。比如，在日本，很多民事纠纷在法院作出保全裁定后当事人就自动履行了债务；在法国，同样经历过紧急程序审理的当事人基本上会在该阶段促成和解而不再提起本案诉讼。

随着行为保全在知识产权领域的广泛适用，行为保全已经在一定程度上成为知识产权案件中非常重要的促成纠纷解决的手段。行为保全法院裁判的实质要件包括了“侵权行为存在的事实基础”，因此法院在作出行为保全裁定前就需要审查申请人是否为本案的利害关系人以及其是否存在胜诉的可能性。由此可以看出，行为保全申请阶段和裁判阶段，申请人需要就侵权行为的构成要件加以主张和证明，而法院则须在认定侵权行为存在具有较大可能性的情况下才会发出禁令。经过行为保全的审查后，很多案件中的当事人都会对彼此的胜诉可能做理性的分析和权衡。

除此之外，在很多的情况下，行为保全申请与本案诉讼请求实质上具有一致性，行为保全申请得到法院支持也就意味着申请人的诉讼请求得到了暂时的实现或者提前的实现。因此，对于行为保全案件中的被申请人而言，其必须认真考虑行为保全禁止或者限制其行为所带来的后果，是主动和解降低成本还是继续反抗面对可能的败诉结果，两者的权衡之下会迫使被申请人作出理性的选择。

行为保全的这个功能并非立法者制度设计之初的构想，但却在实务中对促进纠纷解决发挥着越来越重要的作用。因此，行为保全制度的完善可以进一步确定并突显行为保全在实务中所彰显出来的该项功能。首先，可以发挥诉前调解的机制优势，将目前司法实务中正在推行的诉前调解融入行为保全的程序阶段。诉前调解通常是在法院未立案之前由法院之外的调解组织或者人民调解员接受法院委托对纠纷进行调处，诉前行为保全则是在利害关系人未起诉前就申请法院对被申请人的某项行为予以保全。从诉讼的阶段来看，两个机制都发生在诉前，在程序上具有对接的可能性。利害关系人向法院提出申请后，除特别紧急情况外，法院一般都会对行为保全申请进行听证。经过听证后，在法院作出禁令前或者禁令后，案件尚未进入诉讼程序，此时申请人与被申请人可以在此阶段充分利用诉前调解来就纠纷解决进行协商和调处。因此，可以将就赔偿协议进行确认作为法院解除行为保全裁定的前置条件，即在行为保全期限内双方和解的，为确保和解协议得以执行，防止一方以和解为由拖延对方时间或者通过和解来达到解除保全的效果，有必要通过赋予和解协议强制执行力来确保纠纷解决的实质效果。

二、行为保全适用范围的扩张

（一）禁诉令

1. 禁诉令的背景

禁诉令是英美法系的一项诉讼制度，是指在管辖权冲突的情况下，由本国法院发布的禁止当事人在他国法院提起或者继续诉讼的命令。禁诉令制度是英美法系国家处理国际平行诉讼的重要利器，广泛适用于英国、美国、加拿大、澳大利亚、中国香港等国家或地区。[①] 禁诉令制度起源于英国，最初是解决英国国内平行诉讼的手段，受到英国禁诉令制度的影响，美国也将该制度规定在了《禁诉令法案》中。对于违反禁诉令的行为，英美法系国家规定对违反者按照藐视法庭罪予以处罚，包括罚款、监禁等处罚，或者是经济上的赔偿，也可以是冻结财产等措施。而在司法实践中，很多国家对于外国法院签发的禁诉令一般都不予承认和执行。近些年，在海事海商和涉外的案件中，禁诉令对我国产生了越来越大的影响。例如，在深圳粮某集团有限公司诉希腊美某伊恩伊公司提单运输货物损害纠纷案中[②]，希腊美某伊恩伊公司另行提起仲裁并在英国法院申请禁诉令。英国法院签发了禁诉令并要求深圳粮某集团有限公司向青岛海事法院撤诉，否则将以藐视法庭论处。另外一起案件发生在 2011 年，被告尼加拉海运公司向天津海事法院提出管辖权异议，并向英国王座法院申请签发禁诉令。最终，天津海事法院认为本院有管辖权。虽然两个案件中法院都最终坚持了司法管辖，但是外国的禁诉令在司法实务中着实对我国的司法管辖以及民商事主体权利产生了极大地冲击。在此背景之下，我国法院在司法实践中积极进行了一些探索和尝试。

在南某公司与萍某公司的案件中，在萍某公司提供了足额的担保后，南某公司仍不申请解除财产保全，由此萍某公司向我国武汉海事法院提出申请，请求责令南某公司解除在美国的财产保全。武汉海事法院签发了海事强制令。此案系申请人向我国海事法院申请海事强制令责令对方解除海外的财产保全

---

① 李晓枫：《论以我国行为保全制度实现禁诉令功能》，载《法学杂志》2015 年第 7 期。

② （2004）青海法海商初字第 245 号。

案。另外还有禁止当事人在国外扣押船舶、责令当事人返还在国外的担保等不同类型的案件。[①] 而在前述最高人民法院审理的华为公司与康某森公司专利侵权案件中，最高人民法院审查了华某公司的申请，最终通过行为保全裁定限制康某森公司在国外对华某公司作出的执行行为。本案的实践为行为保全禁诉功能的发挥起到了积极推动作用，特别是将禁诉的范围从禁止提起诉讼扩大到执行的层面。更为重要的是，明确适用知识产权行为保全的审查要件，对该案中能否作出禁止诉讼的行为保全裁定进行了详细的阐明。

2. 禁诉令的适用基础

《民事诉讼法》的修改为行为保全在禁诉中的适用提供了立法依据，但是要在司法实务中积极发挥该项制度的功能，仍须对行为保全的适用基础予以明确和完善。

《民事诉讼法》有关行为保全的规范属于原则性的规定，并不能为司法实践提供具体的指引，特别是禁诉行为保全的适用范围如何确定仍值得进一步明确。目前的适用表现出零散性，多以个案具体案情来裁定是否发出禁诉裁定。而随着国际交往的扩大，我国法院及民商事主体在金融、保险等领域受到国外禁诉的影响越来越明显，因此有必要在《民事诉讼法》的基础上通过司法解释的形式来明确禁诉行为保全的可行性、签发条件、管辖权限制、违反后果等具体规则。[②]

3. 禁诉令的适用范围

虽然禁诉令在制衡国外的禁诉行为、有效维护国内主体和我国法院司法管辖权方面有积极作用，但是仍然应当理性地对待该制度的适用范围。首先，禁诉令适用的案件范围应当明确，防止司法实务中的滥用。目前实务中禁诉令广泛适用于海事领域，但近年来也逐渐在知识产权案件中得以尝试。禁诉令适用范围是否能够进一步在民商事领域扩大，还有待司法的小心尝试和规则的谨慎规范。原则上，在涉外案件中，基于对等原则，在我国法院和民商事主体受到外国禁诉令限制的情况下，我国法院有引入禁诉令的空间。其次，适用范围应当围绕禁诉令的功能。有学者提出，禁诉令制度引入我国的功能定位主要是在对等原则的基础上，作为我国与拥有禁诉令制度的国家解决相

---

① 具体案件案号分别为（2011）青海法限字第 2 号，（2014）青海法海事初字第 214 号。

② 李晓枫：《论以我国行为保全制度实现禁诉令功能》，载《法学杂志》2015 年第 7 期。

互之间的国际平行诉讼问题的一种有效手段。[①] 从禁诉令制度在我国的起源背景来看，此种对禁诉令的功能定位具有一定的基础，因此在我国司法实务中不能将禁诉令作为当事人临时救济的一般行为保全，尤其是国内诉讼中是否允许当事人申请禁诉令禁止另一方的起诉或者其他诉讼行为，有待进一步的论证，而不宜扩大禁诉令的适用。最后，从最高人民法院在华某公司与康某森公司的行为保全案件中可以看出，禁诉令的发出应充分考虑“国际礼让”因素，即我国法院在先受理或者专属管辖等均是发出禁诉令的必要条件。

4. 禁诉令的裁判要件

我国并没有禁诉令制度，禁诉令功能的发挥需要通过我国行为保全制度得以实现。

5. 禁诉令的执行措施

由于禁诉令禁止的是一方当事人的诉讼行为，因此执行具有较大的难度。为了保障禁诉令的法律效力，发挥制度功能，我国引入禁诉令制度可以参考英美法系国家的做法，通过处罚机制来强制威慑当事人执行禁诉令。对此，学者也提出，我国应确立保障禁诉令得到有效实行的处罚威慑机制，如果当事人不履行义务，我国法院将依法对其进行处罚。具体的法律依据是《民事诉讼法》（2017 年修正）第一百一十一条规定，诉讼参与人或者其他人拒不履行人民法院已经发生法律效力的判决、裁定的，人民法院可以根据情节轻重予以罚款、拘留，构成犯罪的，依法追究刑事责任。人民法院对有上述行为的单位，可以对其主要负责人或者直接责任人予以罚款、拘留，构成犯罪的，依法追究刑事责任。[②]

（二）反向行为保全

1. 反向行为保全的概述

反向行为保全是指由平台内经营者，即被投诉人，在情况紧急之时向法院申请保全措施，要求电商平台立即恢复链接、通知人立即撤回或停止发送通知以避免其合法权益遭受难以弥补的损害的行为。[③]《最高人民法院关于审理涉电子商务平台知识产权民事案件的指导意见》（以下简称“《指导意

---

① 赵景顺：《对英国禁诉令制度的思考》，载《人民司法》（应用）2015 年第 17 期。

② 祝建军：《我国应建立处理标准必要专利争议的禁诉令制度》，载《知识产权》2020 年第 6 期。

③ 姚志伟、刘榕、周立勤：《电子商务平台内经营者反向行为保全研究》，载《中国应用法学》2020 年第 6 期。

见》”）第九条规定，平台内经营者可以向人民法院申请保全措施，要求电台内经营者（以下简称“电商平台”）恢复商品链接，或者要求通知人立即撤回通知或者停止发送通知。《指导意见》出台后，电商知识产权领域的反向行为保全的案例不断涌现。

在田某红、刘某波、世某公司与徐某山案件中，田某红、刘某波、世某公司通过阿某巴巴知识产权保护平台，针对徐某山的店铺共发起了 23 次投诉，导致徐某山店铺内 12 条热销商品链接被删除。徐某山提出行为保全，请求法院停止田某红、刘某波、世某公司向淘宝平台删除商品链接的投诉行为。此案即为比较典型的反向行为保全，即行为保全申请系由“侵权人”提出。在司法实务中，权利人向电子商务平台投诉或起诉平台内的销售商侵害其知识产权，平台断开相关商品的销售链接，销售商申请法院裁定要求电子商务平台先予恢复销售链接的，人民法院应当综合审查销售商品侵权的可能性、是否给销售商造成难以弥补的损害、销售商提供担保情况、删除或恢复链接是否有损社会公共利益等事实和法律要件，裁定是否应当先予恢复被删除的链接。司法实务中的此类案件越来越多，除上述徐某山案外，还有丁某某诉郑州曳某网络科技有限公司、南通苏某纺织品有限公司、浙江天某有限公司侵害外观设计专利权纠纷案。[①]

人民法院在审查反向行为保全案件时，认为确定“难以弥补的损害”可以考量不采取行为保全措施是否会严重损害申请人的名誉、商誉等权利，是否会使申请人的市场竞争优势严重受损或者商业机会严重丧失等因素。即使有关损失可以请求金钱赔偿，但损失巨大且难以计算的，也可以认定其构成“难以弥补的损害”。

2. 反向行为保全的性质

南京市中级人民法院在审理丁某某诉郑州曳某网络科技有限公司、南通苏某纺织品有限公司、浙江天某有限公司侵害外观设计专利权纠纷案时认为，电子商务平台经营者在收到知识产权权利人含有侵权初步证据的通知时，具有采取删除、屏蔽、断开链接、终止交易和服务等必要措施的法定义务。由于专利权等通过行政授权取得权利的知识产权在民事侵权诉讼过程中，可能因被宣告无效、提起行政诉讼等程序而使权利处于不确定状态，且平台内经

① （2019）苏民终 1822 号，（2019）苏 01 民初 687 号民事裁定。

营者的经营状况等在诉讼过程中也可能发生重大变化。此时，平台内经营者因情况紧急，不恢复链接将会使其合法利益受到难以弥补的损害，向人民法院申请行为保全，要求电子商务平台经营者采取恢复链接等行为保全措施的，人民法院应当予以受理。根据人民法院的裁判意见我们可以看出，反向行为保全虽然与一般的行为保全有很大不同，但是本质上仍然具有行为保全的性质。

首先，通常所讲的行为保全，是在诉讼发生前或诉讼过程中，法院根据一方当事人的申请对于另一方当事人作出责令另一方当事人为一定行为，或者禁止其作出一定行为，防止该当事人正在实施或者将要实施的行为给申请人造成不可弥补的损失，给予当事人预防性的紧急权利保护。① 反向行为保全主要发生在电商知识产权领域，电商平台不立即采取措施将使其合法权益受到难以弥补的损害，采取行为保全具有必要性。

其次，反向行为保全能够在我国《民事诉讼法》第一百零三条、第一百零四条找到法律依据。因为《民事诉讼法》规定申请人为当事人或者利害关系人，并未限定为原告或者准原告的资格，因此从立法上来看，反向行为保全的申请主体在本案中具有被告的身份性质，但并不违反法律的规定。

3. 反向行为保全的裁判要件

从法院在反向行为保全裁定中的裁判意见来看，反向行为保全的要件包括：申请人的请求是否具有事实基础和法律依据；是否情况紧急，会造成难以弥补的损害；对专利权人可能造成的损害是否会超过对被诉侵权人造成的损害；是否会损害社会公共利益。

（1）请求是否有事实基础和法律依据。在反向行为保全中判断申请人的申请是否有事实基础，应当与本诉事实有所区别。通常，申请人需要证明自己未侵权以及投诉人的通知具有恶意。而“恶意”的认定具有一定难度，《指导意见》第六条规定，“恶意”的考量因素为：提交伪造、变造的权利证明；提交虚假侵权对比的鉴定意见、专家意见；明知权利状态不稳定仍发出通知；明知通知错误仍不及时撤回或者更正；反复提交错误通知等。

（2）情况紧急的判断与商品是否为时令产品有关。例如，田某红、刘某

---

① 周翠：《行为保全问题研究——对〈民事诉讼法〉第100-105条的解释》，载《法律科学》2015年第4期。

波、世某公司与徐某山行为保全案中，阿胶糕包装盒在秋冬季节为电商销售旺季，如果因恶意投诉耽误旺季销售给商家造成的损失是不可弥补的。“难以弥补的损害”应考量是否存在以下情形：①不采取行为保全措施是否会使申请人的商誉等权利受到无法挽回的损害；②不采取行为保全措施是否会导致申请人市场竞争优势或商业机会严重丧失。如果被诉侵权产品的销量大，累计的访问量及搜索权重较大，断开销售链接对其网络销售利益影响较大。特别是在“双十一”等特定销售时机，是否恢复链接将对被诉侵权人的商业利益产生巨大影响。在涉案专利权效力处于不确定状态的情况下，通过恢复链接行为保全措施使平台内经营者能够在“双十一”等特定销售时机正常上线经营，能够避免其利益受到不可弥补的损害。电商知识产权案件中“不可弥补损害”的认定具有自身的特点，因为电商行业竞争激烈，若链接被删除的时间过长，则会对商家的好评率、购买率产生不可逆转的影响。

（3）利益衡量。在联某公司与博生公司、天某公司侵害实用新型专利纠纷行为保全案[①]中，博生公司作为实用新型专利的权利人认为联某公司在“天某网”上销售的拖把神器构成对其专利权的侵犯，随后天某删除了被诉侵权产品在“天某网”上的销售链接。二审期间涉案专利权被国家知识产权局宣告全部无效，联某公司提出行为保全申请，请求恢复“天某网”上的产品销售链接。法院在作出恢复链接时进行了利益权衡，认为被诉侵权产品与涉案专利产品虽为同类产品，但市场上类似产品众多，并不会导致博生公司的专利产品因恢复链接而被完全替代。而且，考虑到因恢复链接可能给博生公司带来的损失，法院通过冻结联某公司支付宝账户相应金额及恢复链接后继续销售的可得利益的方式对双方利益进行平衡。在此情况下，恢复链接对博生公司可能造成的损害小于不恢复链接对联某公司正常经营的损害。

（4）社会公共利益。在专利侵权纠纷中，社会公共利益一般考量的是公众健康、环保以及其他重大社会利益。本案所涉被诉侵权产品系用于家庭日常生活的拖把桶，恢复链接时考量的重要因素为是否会对公众健康、环保造成影响，特别是需要考虑是否会对消费者的人身财产造成不应有的损害，而本案无证据表明被诉侵权产品存在可能损害公共利益的情形。

① （2020）最高法知民终993号。

三、行为保全裁判要件的统一

前述六个典型案例是从司法裁判实务中梳理出来的知识产权领域不同类型纠纷行为保全案例。从对六个案例的分析来看，知识产权行为保全程序在司法实务的诸多方面已达成了共识，但同时很多规则的适用还存在不明确甚至标准不统一的问题，比如法院裁判的实质要件在实务中存在标准模糊或要件不尽一致的现象，有的案件是四要件，有的案件中是五要件或者六要件。

审查是否应当责令被申请人停止相关行为，主要考虑以下因素：申请人是否是权利人或利害关系人；申请人在本案中是否有胜诉可能性；是否具有紧迫性，以及不立即采取措施是否可能使申请人的合法权益受到难以弥补的损害；损害平衡性，即不责令被申请人停止相关行为对申请人造成的损害是否大于责令被申请人停止相关行为对被申请人造成的损害；责令被申请人停止相关行为是否损害社会公共利益；申请人是否提供了相应的担保。

除了裁判要素尚未统一外，各个要素的内涵也仍然存在分歧。对于申请人是否是权利人或利害关系人这一要素，申请人为权利人或利害关系人是否需要在实质上审查商标权或者专利权有效且为权利人所享有，在侵犯商业秘密案件中是否包括权利人请求保护的确系商业秘密；对于胜诉可能性是否需要就侵权行为的四个要件全部进行审查，即四个要件均成立才能满足，还存在分歧；“难以弥补的损害”与胜诉可能性之间是何种关系，在审查认为权利人存在胜诉可能性的同时是否仍须进一步审查权利人存在“难以弥补的损害”；担保是作为法院裁量的因素还是保全的必备要件。

四、管辖异议与行为保全

在知识产权的司法实务中，原告申请行为保全的情形越来越多，而法院在收到申请后会将申请书送达被告，让被告参与听证程序。不少案例中被告会在听证中提出管辖权异议，认为受理行为保全的法院没有管辖权，要求将案件移送有管辖权的法院；或者要求法院先处理管辖权异议，然后再审理行为保全。对此，有的法院在行为保全案件中不对当事人的管辖异议进行处理而直接裁定行为保全。管辖异议的提出是否对法院作出行为保全裁定产生影响，对此研究行为保全的学者从几个方面进行了阐释，认为行为保全属于需要紧急处置的“非常事件”，管辖权异议不能中止法院在紧急问题上的审判权的行使。[①] 从行为保全的性质上来看，作为紧急救济措施，若赋予被申请人的管辖异议以中止行为保全的效力，则会使行为保全“紧急救济”功能被完全架空。

但是被告提出管辖权异议是民事诉讼法赋予的重要诉讼权利，因此法院对其异议不能置之不理，法院可以先处理行为保全，再审查管辖权异议，如果发现法院确实没有管辖权，再将案件移送给有管辖权的法院。也有法院对行为保全和管辖权异议同时处理。当然也存在一些问题需要思考，即法院作出保全裁定后又因管辖权异议理由成立而将案件移送的，受移送法院是否还须对行为保全申请重新审查。根据《民事诉讼法司法解释》第一百六十条的规定，当事人向采取诉前保全措施以外的其他有管辖权的人民法院起诉的，采取诉前保全措施的人民法院应当将保全手续移送受理案件的人民法院。诉前保全的裁定视为受移送人民法院作出的裁定。但是受理保全的法院无管辖权时应如何处理则没有明确规定。

① 张宝成：《民事行为保全制度研究》，中国人民大学 2017 年博士学位论文，第 77 页。

第六章 民事行为保全在其他领域的适用

第一节 民事行为保全在其他领域的适用现状

行为保全除了在知识产权领域适用之外，在其他民商事领域也应广泛应用，包括：环境污染案件中适用停止污染侵权并恢复环境，禁止当事人在被查封的不动产上设定、变更或者转移权利的行为，相邻关系中的停止侵害、股东争议或者企业经营中的强制监管，劳动关系中不得开出维持劳动关系的保护令，执行阶段的限制高消费令以及限制出境行为禁令。[①] 在相邻纠纷中，需要强制一方立即拆除危险建筑或者立即停止建设尚未完工的危险建筑等；在环境污染侵权纠纷中，需要立即停止事实污染环境的行为；在针对特定物的诉讼中，需要一方对该特定物实施临时的管理；在租赁合同纠纷中，需要强制出租人退出该建筑物；在股东争议、企业经营纠纷中，有些股东希望向法院申请强制公司召开股东大会。[②] 2012 年《民事诉讼法》修正后，行为保全的内容被注入《民事诉讼法》第一百条、第一百零一条[③]，就此行为保全在知识产权以外的民商事领域得以广泛应用有了法律依据。然而，2012 年修法后，上述民商事领域纠纷中法院作出行为保全裁定的数量仍然十分有限。

一、行为保全案例梳理概况

在中国裁判文书网上“非诉保全审查案件”的案件类型项下，以“行为保全”作为关键词进行检索，共检索到 141 个案例，经过梳理发现，检索结果中属于行为保全的案例只有 12 个，其中两个涉及的是知识产权纠纷，其他

---

① 王莉娟、谭筱清：《从知识产权禁令到行为保全制度的完善》，载《人民司法》2014 年第 5 期。

② 江必新主编：《〈中华人民共和国民事诉讼法〉修改条文解读与应用》，法律出版社 2012 年版，第 173 页。

③ 《民事诉讼法》于 2021 年修正，行为保全被规定在了第一百零三条、第一百零四条。

案例虽有“行为保全”关键词，但实质为申请财产保全。例如，当事人申请行为保全，其申请请求为“查封、扣押、冻结”被申请人财产，本质上属于对财产的保全。民事领域行为保全案例为 10 个，其中当事人都在申请中提供了财产保全，且行为申请均获得了法院支持。检索的民事案例中，行为保全涉及的内容包括：禁止拍卖股权和债权、禁止实施断电行为、禁止修建建筑物、禁止封锁加锁物业、禁止小区物业服务项目的招标以及限制申请执行工程款。

在“物权纠纷”类型下将裁判文书限定为“裁定”，以“行为保全”为关键词，检索出 53 个案例。检索结果显示这 53 个案例案由集中为“排除妨害纠纷”。物权纠纷类型下行为保全的申请主要集中为排除妨害和所有权确认纠纷，且获得法院支持的比例非常高，在检索的 53 个案例中，仅有 1 个法院以行为保全理由不充分为由裁定驳回申请。在“公司、证券、保险纠纷”类型下检索出 39 个案例，公司纠纷类型下行为保全申请主要集中为股权转让和撤销公司决议纠纷，从检索的结果来看，获得法院支持的比例同样非常高。并且，诉讼中的行为保全当事人均提供了财产保全。

（一）排除妨害纠纷中的行为保全

申请人周某申请被申请人黔西南州哇某新型建材有限公司立即向第三人兴义市某有限责任公司恢复供电，并禁止继续实施对申请人的断电行为。法院以申请人周某未依法取得经营加工生产相应资质为由，认为其提出的要求恢复供电并禁止继续实施断电的请求不符合法律规定，驳回行为保全申请。[①] 申请人陈某卫、冯某平、陈某申请被申请人张应清立即停止修建位于申请人陈某卫、冯某平、陈某土地［不动产权证号：云（2021）瑞丽市不动产权第××号］东侧的围墙，直至本案终审法律裁判文书生效。申请人陈某卫、冯某平、陈某以现金 10 万元提供担保。法院裁定支持申请人的行为保全申请。[②] 与此相关的另一个系列案件中，申请人陈某卫、冯某平、陈某申请被申请人陈某斌、张某云、杨某、苏某顺停止修建围墙亦获得法院支持。[③]

申请人山西丹凤农村某银行股份有限公司申请被申请人关新成立即停止

---

① （2022）黔 2301 行保 1 号。

② （2021）云 3102 行保 2 号。

③ （2021）云 3102 行保 3 号。

在申请人院内修筑建筑物的行为，法院裁定支持该保全申请。①

申请人广东华某食品有限公司申请被申请人广东某建筑装饰设计工程有限公司等禁止封锁加锁申请人位于佛山市三水区的物业，法院裁定支持该保全申请。②

申请人四川某房地产开发集团有限公司申请被申请人自贡市沿滩区卢卡小城小区业主委员会，请求被申请人立即停止卢卡小城物业服务项目的招标，禁止被申请人对卢卡小城物业服务项目进行招标、开标行为。案外人侯某以其所有的川 C2××××号车辆提供担保。法院裁定支持申请人的行为保全。③

申请人田某峰请求责令被申请人本溪佳某物业管理有限公司立即停止对申请人名下的房产的断电行为。法院支持了申请人的行为保全申请。④

申请人张桥林请求责令被申请人王承兴对位于申请人与被申请人之间的历史通道不得填埋、改建及修建的行为保全。担保人杨秀珍以其在中国农业银行股份有限公司古丈支行、卡号为6228××××5372 账户内存款 1 万元提供担保。法院支持了申请人的申请。⑤

申请人王某芳于 2021 年 5 月 12 日向法院申请诉前行为保全，请求被申请人王某立即停止对北京市昌平区小汤山镇大赴任庄村 349 号院内残留建筑物的继续拆除行为、被申请人王某立即停止对北京市昌平区小汤山镇大赴任庄村 349 号院内被拆除房屋的建筑垃圾的继续清除行为。申请人王某芳向本院提交 30 万元现金以及王某芳所有的坐落于北京市昌平区回龙观镇龙禧苑三区××号房屋（房屋产权证号：京房权证昌私字第 2591××号）作为本案保全的担保。法院裁定支持了申请人的保全申请。⑥

（二）公司法领域有关纠纷中的行为保全

公司决议纠纷案中，申请人在本案中起诉要求撤销股东会决议，并申请中止被申请人作出的股东会决议⑦；股东资格确认纠纷案中，申请人申请行为保全，请求禁止被申请人于本案判决生效前以安阳某诚博盛钢铁有限公司股

① （2021）陕 1022 行保 1 号。
② （2021）粤 0607 行保 1 号。
③ （2021）川 0311 行保 1 号。
④ （2021）辽 0502 行保 1 号。
⑤ （2021）湘 3126 行保 1 号。
⑥ （2021）京 0114 行保 1 号。
⑦ （2021）苏 0582 民初 14997 号。

东身份行使股东权利[①]；申请人要求冻结被申请人工商登记，责令被申请人停止申请变更工商登记[②]；在股权转让纠纷案中，申请人请求禁止被申请人办理法定代表人变更登记[③]；申请人请求被申请人立即撤回对股权和债权的拍卖。[④]

华某国际信托有限责任公司申请行为保全，请求禁止被申请人上海宏某网络科技有限公司出售其持有的英国公司100%股权，禁止被申请人宏某公司实施为被申请人上海富某互动娱乐股份有限公司（以下简称富某公司）提供的2020年度担保额度计划，禁止被申请人宏某公司增加新的担保债务。法院认为，是否采取行为保全措施应考量并平衡申请人与被申请人双方的利益，以被申请人为或不为一定行为是否损害申请人的利益、不采取保全措施会给申请人合法权益造成重大损害、采取行为保全措施是否妨碍公共利益和他人的合法利益等因素予以综合考量。宏某公司与案外人已签订了《股权转让协议》及补充协议，是公司处置资产的经营行为；被申请人宏某公司对外提供担保系其公司内部经营事项，并不违反法律的规定，因此裁定驳回申请人的行为保全申请。[⑤]

（三）禁止诉讼的行为保全

申请人熊某于2020年1月14日向法院申请诉前行为保全，请求在工程款1278000元范围内，限制被申请人孙峰在申请执行陈某福、遵义县淼某果木有限公司、贵州方某建筑总公司、正安县某投资有限责任公司建筑工程施工合同纠纷一案【（2020）黔0324执245号】中工程款支取。申请人熊某已向中国平安财产保险股份有限公司遵义中心支公司投保《中国平安财产保险股份有限公司平安财产诉讼保全责任保险》以提供担保。法院支持了申请人的保全申请。[⑥]

---

① （2020）豫05民初32号。
② （2020）津0112民初6399号。
③ （2018）苏0582民初3785号。
④ （2020）沪03财保1号。
⑤ （2020）沪0106民初11111号。
⑥ （2020）黔0324行保1号。

第二节　行为保全在民商事领域适用的问题及原因

通过司法案例检索可知,《民事诉讼法》修正后我国行为保全的适用领域仍然集中于知识产权领域，婚姻家庭、继承纠纷中适用行为保全的案例比较少，而民商事领域，特别是修法以前探讨的对行为保全具有极高期待的纠纷类型，适用行为保全的数量仍然非常有限。行为保全并没有因为《民事诉讼法》修正而拓展到整个民事案件中。

一、民商事案件适用行为保全的问题

前述案例梳理虽不是大样本分析，但从某种程度上能够反映行为保全在民商事案件中适用存在的问题。

第一，财产保全与行为保全存在混淆。首先从当事人的申请请求来看，当事人尚未对行为保全和财产保全之间的区别有非常清晰的认为，由于两个保全措施都规定在《民事诉讼法》的同一条文中，很容易造成当事人的误解。例如，司法实践中比较常见的是，当事人请求法院冻结被申请人的银行账号，同时请求被申请人不得转账或者向他人支付；由于不得转账或者不得向他人支付在形式上具有禁止或限制他人作出某种行为的内容，因此当事人通常会向法院申请行为保全而非财产保全。对此，法院也作模糊化处理，即直接审查申请人的申请是否符合《民事诉讼法》第一百条和第一百零一条的规定。其次，从法院裁判的层面来看，也未体现出行为保全与财产保全的功能有所不同，即两者都是为了保障判决的执行或者防止不可弥补的损害，不同的是各自保全措施有区别，行为保全是禁止或限制被申请人的行为，而财产保全是限制财产的处分和流动。

第二，行为保全裁判要件模糊不清。我们很难从现有的裁定中发掘民商事案件行为保全法院裁判的要件有哪些。有的案例中法官认为被申请人的行为导致判决难以执行，因此符合行为保全的条件；也有的案例则认为被申请人的行为损害了申请人的利益，因此符合行为保全的条件。检索的案例中鲜有对行为保全要件进行阐释说明，法官在裁定是否支持行为保全时的依据是

《民事诉讼法》第一百条和第一百零一条，但是在个案中对何为“判决难以执行”以及什么情况下才是“损害他人的利益”或者申请人的损害是否为“不可弥补的损害”，裁定未予以说明。另外，几乎所有的案件中都要求当事人提供保全担保，并且法官在裁定支持行为保全时以申请人提供了担保作为理由。对此，民商事案件行为保全似乎并没有参照知识产权行为保全的核心要件，对“不可弥补的损害”“胜诉可能性”“利益权衡”和“公共利益”进行审查裁判。

第三，法院裁判文书说理部分过于简单。通过案例检索并对案例进行梳理发现，目前司法实践中法院在民商事案件中作出的行为保全裁定，相比知识产权案件行为保全裁定而言，过于简化，基本上都以“申请人的申请符合或不符合《民事诉讼法》第一百条、第一百零一条的规定支持或驳回行为保全申请”。裁定中没有申请人和被申请人的请求、反驳过程，法院亦不对行为保全裁判要件进行说理。

二、民商事案件适用行为保全问题背后的原因

关于行为保全未能拓展到整个民事诉讼案件的原因，有学者认为，行为保全的适用范围受到成文法国家法律渊源的影响。在法律没有作出明确规定的前提下，现阶段无论是理论准备还是实务部门的经验积累，都不足以支持全面放开行为保全的适用。另外，行为保全请求与本案请求容易重叠，如法院准许行为保全，等于直接实现了申请人的本案请求，而行为保全程序对当事人的程序保障不足，不利于当事人的平衡保护，因此应当对行为保全制度的适用范围进行适当的规制。[①] 除此之外，行为保全适用范围受到法律绩效考核评价机制的影响，“中国法院系统的绩效考核评价制度以数字化管理为主要特征，包括对法官的办案数量、审判质量、审判效率和审判技能四个部分的考核，法官对自由裁量权的使用非常谨慎，往往采取一种消极的、审慎的态度”[②]。法院的考核评价机制、法官的谨慎态度与行为保全对法官的自由裁量要求是相左的，特别是如今立法的规定如此模糊，司法实务尚未如知识产权领域一样具有较为成熟的裁判原则和规则，行为保全在民商事领域的适用自

① 张娜、连强、周祖继：《新民诉法保全问题的实践探索——北京二中院完善保全工作规范论证会综述》，载《人民法院报》2013 年 4 月 10 日第 07 版。

② 高路：《民事行为保全制度研究》，南京师范大学 2016 年博士学位论文，第 91 页。

然受到限制。

而专门有博士论文对行为保全适用率不高的原因做了实证研究，研究表明，《民事诉讼法》修正后行为保全申请率未明显变化的原因如下：一是法律规定的模糊性与不可操作性，法官对行为保全申请持审慎态度；二是行为保全由当事人申请启动，但当事人对行为保全制度缺乏认知，且行为保全程序本身缺乏相应的制度性保障；另一则是因为有一些法官认为财产保全、先予执行等保障性措施已经足够保护当事人的合法权益。①

上述实证研究结论具有客观数据的支撑，能从某些角度阐释行为保全在民商事领域运用受限的原因。仔细分析2012年修正的《民事诉讼法》第一百条和第一百零一条，我们可以发现，财产保全和行为保全的适用条件实际上是一致的，即当被申请人的行为使得判决难以执行或者造成申请人的其他损害时，或者情况紧急不立即保全将造成不可弥补的损害时，当事人既可以申请财产保全，也可以申请行为保全。法条的规定赋予了当事人或者利害关系人申请保全的平行选择，理论上行为保全与财产保全的功能差异和保全措施的差异在立法中并未得到体现，同时两个保全制度的适用条件亦未得到区分。加上司法实践中长期形成的“提供了担保即可以支持保全”的思维，更加剧了行为保全和财产保全在适用时的混淆。对于当事人而言，财产保全制度更为熟知，且执行措施已经比较成熟，申请财产能够获得更好的执行效果，因此在实务中更倾向于申请财产保全；即便在被申请人实施了某些行为导致申请人损害的情况下，申请人亦希望通过保全对方的财产来减少损害。但同时当事人对两个保全制度的模糊认识也使得当事人的本意是申请财产保全，如查封对方的财产，限制对方转让该财产，但在申请请求中会用“行为保全”的字样。

---

① 高路：《民事行为保全制度研究》，南京师范大学2016年博士学位论文，第111页。

第七章 民事行为保全制度的完善

第一节 明确行为保全的适用范围

一、行为保全适用范围的界定标准

2012年《民事诉讼法》修改之前，我国行为保全仅在知识产权和海事诉讼中适用，因此在此阶段不少学者纷纷发表观点提出，应当扩大行为保全的适用范围，“只要符合行为保全的实质条件，就应当允许当事人或者利害关系人申请行为保全”①，“扩大我国行为保全的适用范围不仅有理论上的依据，而且实践中其他行为之债的履行也有进行行为保全的必要性，如特定物的买卖、相邻权纠纷等都有赖于保全一方当事人的行为以使另一方当事人的权利真正得以实现”②。受到司法实务的推动和学界呼吁的影响，《民事诉讼法》在2012年修改时，在原有的保全条款基础上新增加了“行为保全”的内容，至此行为保全在民事诉讼中的广泛应用有了立法依据。但是，通过从中国裁判文书网进行案例检索发现，以“行为保全”“禁令”“保全”等作为关键词搜索，显示结果表明法院作出的行为保全裁定90%以上都仍然集中在知识产权领域，而其他民商事领域的保全几乎都为财产保全，即便在裁定中出现了“行为保全”，但实质上裁定的内容仍然是“查封、扣押、冻结”某个具体的财产。

2012年《民事诉讼法》修改后通过第100条和第101条增加了行为保全制度内容，其中行为保全适用范围的判断标准区分诉讼中和诉前，分别为“使判决难以执行或者造成当事人其他损害的案件”和“不立即申请保全将会

① 范跃如:《试论我国行为保全制度及其构建与完善》，载《法学家》2004年第5期。

② 陈莹:《我国行为保全制度的建构》，载《厦门大学法律评论》2006年6月。

使其合法权益受到难以弥补的损害的”。《民事诉讼法》的上述规定具有原则性，将凡是符合上述条件的案件都纳入行为保全的适用范围。但是上述标准也存在明显的弊端，行为保全适用范围和财产保全的适用范围采用同一标准，违背了两种保全制度功能的差异性原理，致使在实践中容易造成混用的现象。例如多数当事人申请保全的案件中，当事人认为财产保全即可实现“确保判决执行”或“防止损失扩大”的效果，且财产保全通常只要提供担保即容易得到法院的支持，因此当事人更倾向于申请财产保全。行为保全制度功能的实现除了需要在理论上厘清行为保全与财产保全的功能界限，还有必要建立行为保全适用范围的界定标准。

如前所述，“使判决难以执行或者造成当事人其他损害的案件”和“不立即申请保全将会使其合法权益受到难以弥补的损害的”不能为当事人提供准确的指引。对此也有学者认为，这两个标准没有体现行为保全具有纠正被请求人违法或违约行为的特殊功能，没有考虑到行为保全对双方权利状态产生的巨大影响。[①] 特别是知识产权案件之外的普通民商事案件，缺乏行为保全的实务积累，有必要在现行《民事诉讼法》规定的基础上作进一步界定。

总体上来讲，在行为保全适用必须满足的条件——“使判决难以执行或者造成当事人其他损害的案件”中，“判决难以执行”以及“造成当事人其他损害”应作不同于财产保全的解释。“使判决难以执行”包括行为给付之诉中判决内容的落空，如，拆除危险建筑纠纷案件的本案诉讼请求系立即拆除危险建筑，但若不及时对被告（或被申请人）行为进行保全，待裁判发生既判力再执行对建筑拆除，极大地增加了拆除的难度和成本，给权利人造成的损害难以逆转。判断“判决难以执行”还应沿用最高人民法院在华为诉康某森案件中的观点，即“考察当事人一方的行为是否会造成案件判决难以执行时，聚焦的核心是，如果不采取保全措施，一旦当事人实施该行为，能否确保判决对当事人发生拘束力和执行力，申请人依据判决确定的权益能否最终得以实现”。前述类型的案件具有适用行为保全的必要性和正当性正是基于若不采取保全措施，则一方当事人的行为将导致申请人依判决确定的权益难以实现。比如，离婚诉讼中，一方将孩子藏匿的行为将导致对方即便依离婚判

---

① 李晓枫、郭萍：《评析〈民事诉讼法〉中行为保全制度的立法突破与不足》，载《法律适用》2015 年第 6 期。

决获得抚养权，也难以实际实现该权益。又如，股东资格确认诉讼中，虽然诉讼请求未包含给付的内容，但若不及时制止损害公司利益的行为，则申请人将来获得胜诉判决后也不能顺利实现其作为股东对公司享有的权益。

对于“难以弥补的损害”的理解，学理及实务普遍认为，申请人所遭受的损害是不能用金钱来弥补的。例如，在华某诉康某森一案中，华某公司将会因康某森在域外的执行丧失其在中国的诉讼机会，最高人民法院认为这种损害并不能以金钱赔偿来弥补。又如，腾某公司与武汉骏某公司网络不正当竞争纠纷中，腾某公司的市场份额和客户流量会因武汉骏某公司的行为遭受损失，这种损失一旦发生将不可逆转，因为网络客户的信任需要长时间的维护才能获得，即便武汉骏某赔偿经济损失也不能再恢复腾某公司前期通过维护所获得的客户资源。

二、行为保全适用范围的扩大

行为保全适用范围的界定标准为行为保全适用案件类型、诉讼类型提供引导，特别为保全申请与本案请求不一致的案件提供判断依据。

首先，除知识产权案件之外，民商事领域大量类型的案件都可以适用行为保全，比较常见的有：《〈中华人民共和国民事诉讼法〉修改条文解读与应用》中列举了一些需要行为保全措施保护当事人合法权益的情形，如侵犯自然人肖像权、隐私权、名誉权，婚姻家庭纠纷制止一方隐匿子女、侵害他方监护权；相邻权纠纷中需要强制一方立即拆除危险建筑或者立即停止建设尚未完工的危险建筑；环境污染侵权纠纷中，需要立即停止实施污染环境的行为，针对特定物的诉讼中，需要一方对该特定物实施临时的管理；在租赁合同纠纷中，需要强制出租人退出该建筑物；在股东争议、企业经营纠纷中，向法院申请强制公司召开股东大会。① 司法实务可以借此作为指引，在上述类型案件中积极应用行为保全制度保障权利。

其次，应当明确的是，行为保全不应局限于给付之诉，即使本案请求虽未主张财产的给付或者行为的给付，也不能以此作为驳回行为保全申请的理由。根据前述行为保全适用范围的界定标准，只要被申请人的行为“使判决

---

① 江必新主编：《〈中华人民共和国民事诉讼法〉修改条文解读与应用》，法律出版社 2012 年版，第 173 页。

难以执行”或“使申请人遭受难以弥补的损害”，就应纳入行为保全的范围。因此确认之诉和形成之诉中的当事人都能在本案诉讼中或者诉讼提起之前向法院申请行为保全。其中确认之诉分为积极确认之诉和消极确认之诉，前者如确认股东资格、确认亲子关系成立、确认股权转让协议有效等，后者如确认合同无效、确认未侵犯著作权或专利权等。以起诉确认未侵犯著作权为例，“被侵权人”通过发出通知的方式导致平台要求“侵权人”的热销产品下架，原告作为“侵权人”可以提起消极确认之诉，但为了防止“被侵权人”的恶意竞争给“侵权人”带来不可弥补的损害，“侵权人”在提起消极确认之诉的同时可以申请行为保全以暂时制止“被侵权人”继续向平台发出通知。

最后，还应注意到行为保全申请可以与本案请求不一致。通常行为保全申请与本案请求具有一致性，行为保全裁定能够暂时提前实现判决的内容或者部分内容。例如，原告起诉禁止被告泄露所掌握的原告的商业秘密，同时提起行为保全申请，内容与诉讼请求完全一致。但司法实务中纷纷涌现的新型案例表明，行为保全申请并不需要必须与本案请求一致。例如，在禁诉行为保全案件中，行为保全申请是限制或者禁止被申请人的诉讼行为；反向行为保全案件中，申请人行为保全申请是限制或者禁止“侵权人”的不正当竞争通知行为，但诉讼请求往往是确认申请人未侵权或者确认“侵权人”构成不正当竞争。

第二节　统一行为保全的裁判要件

《民事诉讼法》规定法院作出行为保全必须是：（1）判决可能会难以执行，（2）申请人可能遭受难以弥补的损害。但《专利法》、《商标法》和《著作权法》对相应领域的行为保全规定却是“不及时制止行为将会使合法权益遭受难以弥补的损害”。其中司法解释和司法实务中确定的要件为：（1）是否侵权；（2）不采取保全措施是否会造成难以弥补的损害；（3）是否提供担保；（4）采取保全措施是否会违反公共利益。也有的裁判中裁判行为保全的要件为：（1）是否为权利人、利害关系人；（2）胜诉可能性；（3）是否造成难以弥补的损害；（4）利益衡量；（5）公共利益；（6）担保。可见，我国行为保全的裁判要件无论从立法的角度还是在实务中均未能达成一致。从域外的制度来看，美国临时禁令的衡量标准虽然未完全统一，但是有固定的四个要件：难以弥补的损害，胜诉可能性，利益衡量和对公共利益的影响。这四个要件作用的发挥通过法官自由裁量权来实现。

我国行为保全制度在《民事诉讼法》得以确立后，确实为行为保全的广泛适用提供了立法依据。但《民事诉讼法》确立的标准区分诉前和诉讼保全，且和知识产权司法实务中确立的标准存在不同，导致法院适用裁判要件的混乱，不利于行为保全制度功能的发挥。

法院裁判行为保全的要件需要得以确定，总体上首先必须明确固定的要件，再在具体个案中综合运用各个固定要件。

一、我国行为保全裁判要件

（一）胜诉可能性

胜诉可能性在德国、日本以及我国台湾地区称为被保全权利存在的可能性。[①] 美国临时禁令将“胜诉可能性”作为四个固定要素之一，德国、日本等地虽然没有明确用“胜诉可能性”的表述，但是根据前文中的域外制度梳理可知，大陆法系国家和地区假处分裁定需要申请人对保全请求权与请求必要性进行释明，从而形成法官的心证。

在我国，“胜诉可能性”要件是否应当作为行为保全的必须要件在理论上有争议，在实践中也有不同的做法。肯定者认为，胜诉可能性在行为保全中是需要考量的要件之一，因为行为保全是对被申请人行为的保全措施，对被申请人而言同样具有危害性，而且这种危害有可能难以恢复。[②] 而否定者认为，“胜诉可能性”表现了行为保全制度慎用的态度，这主要与司法政策有着密切的关系。相关司法政策存在以下变迁：2008 年为“注意发挥诉前临时措施等诉讼手段对于及时制止侵权的独特作用”，2009 年为“既要积极又要慎重，既要合理又要有效”，2010 年为“依法妥当地裁定采取有关措施”，2011 年为“适度从严把握法律要件，慎重适用诉前停止侵权措施”。[③] 否定的观点

---

① ［日］吉川大二郎著：《保全诉讼的基本问题》，有斐阁 1977 年版，第 675 页。转引自张宝成：《民事行为保全制度研究》，中国人民大学 2017 年博士学位论文，第 82 页。

② 郭小冬：《民事诉讼侵害阻断制度研究》，知识产权出版社 2010 年版，第 243-245 页。

③ 最高人民法院印发《关于当前经济形势下知识产权审判服务大局若干问题的意见》的通知（法发〔2009〕23 号）。

主要是认为“胜诉可能性”要件会将大量的行为保全申请阻挡，造成申请难的局面。

“胜诉可能性”要件在司法实务中特别是知识产权领域适用了很长一段时间，其存在具有一定合理性。虽然理论上对此尚有争议，但不宜直接因为该要件可能加剧申请行为保全的难度即主张将该要件从行为保全裁判要件中移除。

首先，“胜诉可能性”要件实际发挥的功能是保证行为保全裁判作出的公正性，为行为保全申请设置的实质要件。可以将其与起诉实质要件进行比较，保全申请请求权与诉权虽有所区别，但保全申请并非纯粹的程序事项，对实体权利义务需要进行审查。因此，虽然对诉讼效率具有急切需要，但必须基于实体事项的审查而确保裁定的公正性。

其次，“胜诉可能性”要件是从平衡申请人和被申请人权利的角度，对被申请人进行保障。因为相比财产保全，行为保全对被申请人的行为采取保全措施，对被申请人造成的利益损害可能是不可恢复的；即便申请人提供了足额的担保，仍然无法避免被申请人遭受可能的不可弥补损害。因此在程序上设置必要的门槛，是从源头降低损害。

“胜诉可能性”要件引起的不良反应，如阻碍行为保全申请，可以通过降低证明标准来缓和。从美国临时禁令司法实务来看，“胜诉可能性”不要求和获得最终救济一样的程度，“在判断胜诉的可能性的程度时，没有必要让申请方证明案件一定胜诉，仅证明到能保持案件现状即可。①英国法院采用的是“实质性争议”，在1975年的美国氰某公司案中，法院认为“当双方当事人的权利需要在查清案件事实后才能作出判断时，法庭在审理临时禁令申请时所能依据的证据并不完整。证据均以书面形式作出，且证人的证言并没有经过双方当事人质证。因此，若严格按照法律要求执行，只有当审理案件的法官认为原告的胜诉可能性在50%以上，原告的申请才可以得到支持，违背了临时禁令相关法律的本意”，“较大可能、证明较强的基本证明的要求使部分法官对临时禁令的目的产生了误解”。②结合英美法系国家的禁令和德国、日本

---

① 李曼：《行为保全制度的标准构建——以美国法中间禁令制度的衡量标准为参考》，载《烟台大学学报》2016年第5期。

② 杨良宜、杨大明著：《禁令》，中国政法大学出版社2000年版，第248-273页；转引自宋鱼水，杜长辉等：《知识产权行为保全制度研究》，载《知识产权》2014年第11期。

的假处分制度，世界上主要国家和地区对“胜诉可能性”的要求较为灵活，并没有统一一致的标准，而是结合其他要件进行综合判断。

从我国司法实务来看，最高人民法院的案例中明确了当事人对其保全申请主张的事实只需要达到优势证明标准即可。但是我们发现，知识产权不同类型案件，“胜诉可能性”标准的判断也有所不同，著作权、商标案件行为保全相比专利案件，在判断“胜诉可能性”时更容易认定，外观设计相比实用新型、发明案件亦是如此。

（二）难以弥补的损害

“存在难以弥补的损害是设立行为保全制度的正当性依据。正是因为存在事后赔偿难以弥补的损害，才有必要在损害赔偿制度之外，设立行为保全制度，允许当事人在法院作出终局判决之前，申请法院责令对方当事人作出或者禁止其作出一定行为。”① 司法解释规定，“难以弥补的损害”是指：（1）被申请人的行为将会侵害申请人享有的商誉或者发表权、隐私权等人身性质的权利且造成无法挽回的损害；（2）被申请人的行为将会导致侵权行为难以控制且显著增加申请人损害；（3）被申请人的侵害行为将会导致申请人的相关市场份额明显减少；（4）对申请人造成其他难以弥补的损害。

从知识产权行为保全司法实务中可以看出，对于“难以弥补的损害”，法院在个案裁判中会结合具体案情加以分析，如在华某诉康某森公司案件中，最高院阐释华某公司遭受“难以弥补的损害”从多个层面来展开：既包括有形的物质损害，又包括商业机会和市场利益等无形损害；既包括经济利益损害，又包括诉讼利益损害；既包括在德利益损害，又包括在华利益损害。综合来看，“不可弥补的损害”通常包括：商誉的损失，市场竞争优势或商业机会的严重丧失，销售链接的排名、引流能力（特别是时令性产品），商业秘密的泄露。

美国实践中对“不可弥补的损害”作了类型化区分②：对不动产的损害可以归为不能被替代救济的损害范围，另外对环境的损害也不能够以损害赔偿替代，除此之外，还有清洁的空气、失去的森林等；对动产而言，则该物的损害无法用金钱补充，如传家宝、艺术品或者具有独一无二的商业产品、

① 宋鱼水、杜长辉等：《知识产权行为保全制度研究》，载《知识产权》2014 年第 11 期。
② 李曼著：《美国中间禁令制度研究》，社会科学文献出版社 2020 年版，第 39-52 页。

定制的船、持有的公司股票。对民权的损害包括代投票权、听证权、完整的公用设施使用权、在州监狱中被平等对待的权利、言论自由权、宗教自由权、受教育权、免受雇佣歧视权。当损失无法精确计算时，也被作为不可替代的损失。比如，遗产，因为所附带的情感价值无法估计；又如，利润，市场价格的变化和货物产出数量的变化让利润难以衡量。在商业案件中常见的是：导致申请人歇业，损失独一无二的产品或生产线，损失公司控制权，损失市场份额，损失商业信誉，缺少竞争或者导致竞争以及损失工作。

关于“不可弥补的损害”类型，我国学者提出可以从金钱损害和非金钱损害两个类型来区分①：金钱损害同样存在难以弥补的损害，如金钱损害结果难以计量时，就可以通过行为保全来防治申请人损害继续扩大；被申请人无能力赔偿的情形；侵权行为持续、扩大的情形。非金钱损害难以弥补是在学界和实务中达成共识的，但可以分别考虑以下因素，侵犯人格权、身份权等人身权利，通常是难以弥补的损害；市场份额降低，商誉的损害，引起消费者的误解，可以认为是会给权利人造成难以弥补的损害；对公共利益的侵犯，是难以弥补的。

以上关于“不可弥补损害”的类型，可以为我国司法实务中认定被申请人行为给申请人造成“不可弥补的损害”提供指引。但是，要在个案中认定“不可弥补的损害”，还应遵循一定的裁判思路。即对“不可弥补的损害”之认定应结合“胜诉可能性”“利益衡量”的判断，并且区分诉前保全和诉讼中的保全。实务中已经有大量的实践表明，法官在认定被申请人侵权事实成立的可能性较大时，即被认为对申请人造成“不可弥补的损害”，这种裁判思路多见于专利侵权案件中。结合“利益衡量”来判断申请人遭遇的损害是否不可弥补，因为认定过于严苛会损害申请人的利益，而审查过于是宽松又会对被申请人的利益造成损害。诉前阶段对损害不可弥补要件认定应当作严格限定，如需要增加“紧急性”要素，诉前行为保全不能随意裁定。

（三）双方利益权衡

“双方利益权衡”是指将不作出行为保全裁定所损害的申请人的利益与作出行为保全所损害的被申请人的利益进行比较，若前者大于后者，则应当作出行为保全。《最高人民法院关于审查知识产权纠纷行为保全案件适用法律若

---

① 张宝成：《民事行为保全制度研究》，中国人民大学 2017 年博士学位论文，第 94-97 页。

干问题的规定》第七条规定，人民法院审查行为保全申请应考量的因素之一即“利益权衡”，在诸多案件裁定中，法院均对该要件予以审查。但是在此之前，《最高人民法院关于对诉前停止侵犯专利权行为适用法律问题的若干规定》（已失效）规定，人民法院对当事人提出的复议申请审查的事项仅四项，其中并未包括“利益权衡”的要件。

美国中间禁令四个固定要素之一即“利益权衡”，也有翻译者将其翻译为“困难权衡”，正如前文所述，该要素与“不可弥补的损害”合并使用。对于该要素具体包括哪些情形，美国司法实践有迹可循，如原被告作为企业，法院会比较两者规模的大小，并在原告是大型公司而被告是小型公司的情况下，认为被告作为小型公司遭受的风险可能更大，当然这并非唯一的考虑因素；另外如果被告可能会因为中间禁令而面临破产，法院则倾向不发出中间禁令。①

该要件是否作为行为保全审查必不可少的要件，尚缺乏立法依据，虽有司法解释加以明确，但实务中尚没有统一。在此有必要明确，“利益权衡”要件应当作为行为保全裁定的必要要件之一，因为行为保全制度设置始终贯穿着申请人和被申请人权益的权衡，必须体现诉讼程序的正当。法院在裁定是否保全时不仅应当考量申请人遭受的损害，还必须考量被申请人的损害。即便申请人能够初步证明被申请人侵权事实存在，也不足以单独作为行为保全裁定的正当理由，毕竟“不可弥补的损害”要件要求申请人因被申请人的行为所遭受的损害必须具有不可弥补性。

从裁判规则来看，法院对“利益权衡”要件的审查通常是在“胜诉可能性”和“不可弥补的损害”要件之后，法院在认定前两个要件符合的情况下，行为保全作出有了较大可能性；此时对“利益权衡”要件的审查范围限定地更加严格，即除非被申请人与申请人之间的利益存在重大的失衡，否则法院不应仅以微小的利益差异来阻隔行为保全。因为利益权衡没有客观的尺度来量化，必须结合其他要件综合判断。从知识产权行为保全司法实务也可以发现，法院在对行为保全要件审查说理时，“利益权衡”只在“不可弥补损害”已经说理充分的基础上作简单的阐释。

（四）公共利益

社会公共利益并不是在每一个案件中都有涉及，通常行为保全仅在申请

① 李曼：《美国中间禁令制度研究》，社会科学文献出版社 2020 年版，第 29-30 页。

人和被申请人之间进行利益比较，但不能以此否定“公共利益”成为行为保全裁定的固定要件。公共利益的内容和利益主体均具有不确定性，一般会因为社会的变动而发生变化，造成了公共利益的不确定性。行为保全裁定不仅对当事人个人利益产生影响，也可能对公共利益产生影响，特别是随着社会发展与科技进步，知识产权领域、环境侵权、违法建筑拆除等领域所涉及的不特定多数人利益明显，公共利益随之进入视野中来。

关于“公共利益”学界在其概念界定和类型上均没有达成共识，从不同的角度来研究，对其类型的划分和内容的界定均有不同。以内容为标准对“公共利益”分类，美国法学家庞德将“公共利益”分为六种类型：一般安全中的利益，包括防止国外侵略与国内动乱的安全和公共卫生的安全；社会制度的安全，如政府、婚姻、家庭及宗教制度等；一般道德方面的社会利益；自然资源和人力资源的保护；一般进步的利益，特别是经济和文化方面进步的利益；个人生活中的社会利益。① 我国学者认为对公共利益的认定必须由司法机关在个案的法律适用中作出，② 司法实践中当行为保全作出会对公众健康、环境保护产生影响时，法官通常不准许作出行为保全。也有学者提出，被申请人提出公共利益抗辩时，公共利益必须是一种现实存在，且法院应当严格审查，能够阻止行为保全的公共利益是重大的公共利益，如国家安全、公共安全、公众健康、环境保护、社会秩序等。③ 并且作为法院裁判要件，“公共利益”应当由法院在个案中主动审查，不以被申请人的抗辩为前提。申请人无须对不违背公共利益加以主张和证明，被申请人可以据此来抗辩以阻隔行为保全，但必须充分地说明事实和理由；若被申请人未就此提出抗辩，法院应依职权主动审查本案行为保全裁定是否违背“公共利益”。

（五）保全担保

行为保全担保在《民事诉讼法》中是否为“必须”，以诉前和诉中作为区分；诉前行为保全当事人应当提供保全担保，不提供担保则驳回申请；诉讼中由法院裁量，可以责令当事人提供担保，不提供担保的驳回申请。行为

---

① 倪斐：《公共利益的法律类型化研究——规范目的标准的提出与展开》，载《法商研究》2010年第3期。

② 李玉香、孙浩源：《专利侵权诉讼不判决停止侵权的法律探讨》，载《湖南大学学报（社会科学版）》2014年第2期。

③ 张宝成：《民事行为保全制度研究》，中国人民大学2017年博士学位论文，第108页。

保全的上述规定与财产保全完全一致，未作区分。而在《知识产权保全司法解释》中，担保为法院审查的要件之一，即作为法院审查要件，若当事人未提供担保的，则法院应驳回申请。显然，担保提供与否在我国制度规范层面尚有不同，且司法实践中亦是如此。行为保全担保是否应当成为法院裁判的要件之一，值得讨论。

有学者提出，担保作为保全要件之一，需要立法者和司法实践人员对担保的作用予以定位。[①] 也有学者认为，凡是不能提供担保的，均不宜进行财产保全。[②] 另有学者表示，“我国法官的自由裁量行使现状不容乐观，行为保全标准体系也不完善，加之行为保全没有听证环节，救济方式是在原审法院复议，对于保全裁定的正确性要求和实践现状不能匹配，程序保障有待加强。因此，担保可以弥补被告的损害，担保作为要素增大了作出保全裁定的可能性，是行为保全制度中的必要环节。”[③] 行为保全制度的首要功能是为了“防止不可弥补的损害发生”，但制度设计既要保护申请人的权利，又应当考虑被申请人的权利；整个制度的设计都反映了双方利益的平衡。担保的设置是为了防止保全错误给被申请人带来损害，提供事后弥补的基础。

但是并不能认为每一个具体个案中法院都必须要求当事人提供担保，因为这样会对申请人申请权利进行限制。正如学者在其研究中认为的，我国诉前强制担保制度是诉前行为保全申请难的制度成因，给当事人带来了压力。[④] 担保提供与否应当由法院根据个案情况来裁量，结合前面几个要素，特别是“胜诉可能性”、“不可弥补的损害”的判断，裁量是否应当提供担保。

法院的判断应当以行为保全担保的功能为依据。在行为保全中设置担保制度是为了防止保全错误给被申请人带来损害，依据日的，行为保全担保的功能主要有：（1）防止申请人权利滥用的功能。通过担保促使申请人作出理性选择，即保全申请并不是零成本的司法行为，申请人必须在提出申请前对其成本收益进行权衡；（2）经济损失的赔偿功能。基于错误的保全，被申请人可以提起损害赔偿之诉，因此保全担保能为损害赔偿提供经济保障，确保被申请人的损失有足够的财产加以弥补。在此功能之下，法院在具体个案中

① 李仕春著：《民事保全程序研究》，中国法制出版社 2005 年版，第 134-136 页。
② 李汉昌、吴德桥：《适用财产保全制度应注意的几个问题》，载《法学评论》1996 年第 4 期。
③ 李曼著：《美国中间禁令制度研究》，社会科学文献出版社 2020 年版，第 151 页。
④ 任重：《我国诉前行为保全申请的实践难题：成因与出路》，载《环球法律评论》2016 年第 4 期。

若对“胜诉可能性”、“不可弥补的损害”已经初步形成心证，则通常不能过于僵硬地适用担保要件，以未能提供担保驳回申请；反之，在其他要件未获证明之时，即便申请提供了足额担保，亦不能弥补其他要件之不足而获得法院的保全裁定。

二、行为保全裁判要件的统一

上述要件作为行为保全裁判要件，应适用于所有类型的案件，包括婚姻家庭、继承案件和知识产权案件，也包括其他类型的民商事案件，如物权纠纷、公司纠纷案件。胜诉可能性、不可弥补的损害、利益权衡、公共利益及保全担保这五个核心要件在不同类型案件中具体的内涵有所不同，需要法官在个案中结合案情进一步解释；且并非每一个个案都必须完全满足上述五个要件。

在婚姻家庭、继承案件中，申请人申请行为保全的紧迫性通常非常显著，且被申请人的行为对申请人或者其他权利人的损害具有不可弥补性，例如：离婚诉讼中抢夺、藏匿子女的行为；正在实施或者可能继续实施的家庭暴力行为等。婚姻家庭、继承案件申请人或者利害关系人申请行为保全的，保全担保只作为例外适用，而不要求当事人在案件中必须提供担保；即便是诉前行为保全，也不应以担保为必须条件。人身保护令的作出应当具备一定条件：有明确的被申请人；有具体的请求；有遭受家庭暴力或者面临家庭暴力现实危险的情形。其他人身属性非常强的婚姻家庭案件可以参照人身保护令的裁定要件，即对胜诉可能性要件的证明程度可以降低到只需证明有侵权的行为；通常无须申请人提供担保。婚姻家庭、继承案件中财产属性更为显著的案件则应当就胜诉可能性、不可弥补的损害、利益权衡、公共利益及担保进行审查。另外，诉前行为保全的要件与诉讼中行为保全的要件也应当统一，即都以上述五个核心要件为基础，诉前和诉中都需要审查上述五个要件是否成立。目前《民事诉讼法》将诉前行为保全适用条件与诉讼中行为保全作区别对待既没有必要，也不符合行为保全的制度功能。无论是诉前还是诉中，当事人都可能因为情况的紧急性而有行为保全的必要性，因此法院审查是否裁定行为保全时，不应以诉前和诉讼中的不同阶段而对审查要件有所区别。诉前和诉讼中有所不同的是，诉前行为保全尚没有本案请求，确实需要制度设置来防止利害关系人无端限制他人的行为和权利。

第三节　强化行为保全的程序保障

一、通知送达程序的优化

在前述关于域外制度的比较中可知，大陆法系国家和地区的假处分以及英美法系国家的中间禁令制度都比较重视对方当事人的通知，德国、日本及我国台湾地区假处分制度中详细地规定了被申请人撤销假处分的要件和程序，应当以通知被申请人为前提。美国《联邦民事诉讼规则》第 65 条（a）（1）明确规定："法院只有在通知对方的情况下才能发出预备禁令。"通知是为了使被申请人知晓情况而能够作出相应的准备，赋予其平等的抗辩的权利。

根据《最高人民法院关于审查知识产权纠纷行为保全案件适用法律若干问题的规定》，人民法院在裁定采取行为保全措施前，应当询问申请人和被申请人，但因情况紧急或者询问可能影响保全措施执行等情形的除外。现有规定并没有对行为保全通知作明确的规定，即通知的阶段、通知的内容、通知的方式等。若经询问，自然会产生通知的效果，但问题在于难以对被申请人的权利给予有效保护。被申请人在此之前并未对行为保全申请有所知晓，不能实质发表意见并提供相关证据。由于行为保全的裁判要件通常涉及侵权行为的事实基础以及不可弥补损害的证明，若仅依申请人的事实主张和证据而不给被申请人平等反驳的机会，加之后续采用的是"复议"模式，被申请人与申请人的诉讼地位显著失衡，由此作出的保全裁定也因程序保障不利而缺乏正当性。

为此，有学者提出，通知不仅应存在于现有规定中明示的阶段，也应存在于重要程序环节发生之前；对方当事人提供重要意见、申请人提供担保方式、合并行为保全的听证与庭审等都应当通知当事人和利害关系人。[①] 当然，通知并不是必然的，对于情况非常紧急不能必须立即作出保全裁定的，可以先裁定保全，并同时通知被申请人，由其在一定时限内对保全裁定发表意见。虽然美国中间禁令发出时是否通知系由法官自由裁量，但此规则建立在比较

---

① 李曼著：《美国中间禁令制度研究》，社会科学文献出版社 2020 年版，第 141 页。

完备的程序保障基础上，可以通过程序保障来限制法官的裁量权。而我国现阶段不宜将“通知与否”交由法官裁量，应在规则中明确法院的通知义务，对“情况非常紧急”的情形需要法官在裁定中予以明确。

在我国现有送达体系之下，行为保全的通知以法定送达形式实现时，还应当考虑对现有法定送达方式作变通和调整。例如，保全申请的送达应以“直接送达”为原则，以确保送达的效果和送达的时效；保全裁定作出后也应当通知双方，可以利用《民事诉讼法》现有的送达方式，但由于前期程序阶段已经历送达，此处不宜再引入公告送达以影响诉讼效率。

对于非“情况非常紧急”的情形，若法院未经通知即作出裁定，当事人可将未经通知作为撤销保全的复议（或上诉）理由。

二、行为保全审查程序中的言辞辩论

虽然行为保全并不像本案判决一样需要对实体请求作最终的裁判，但是行为保全仍然涉及对事实的审查和判断，需要赋予当事人言辞辩论的权利。但行为保全作为临时救济，其更加追求快捷的裁定，相对本案判决不能完全以对审辩论作为程序结构。《最高人民法院关于对诉前停止侵权行为适用法律问题的若干规定》第九条规定，人民法院接受专利权人或者利害关系人提出责令停止侵犯专利权行为的申请后，经审查符合本规定第四条的，应当在四十八小时内作出书面裁定；裁定责令被申请人停止侵犯专利权行为的，应当立即开始执行。人民法院在前述期限内，需要对有关事实进行核对的，可以传唤单方或双方当事人进行询问，然后再及时作出裁定。除此之外对于行为保全中当事人的听证程序和言辞辩论没有其他更为详细的规定。司法实践中法院作出保全裁定是否必须听证以及如何听取当事人的意见尚没有统一的做法。

《德国民事诉讼法》对于假处分裁定是否经言辞辩论以情况是否紧急为区分，对于保全申请紧急的，不经言辞辩论，采取书面审理作出裁定；命令实施假处分的，则传唤对方当事人，就应否实施假处分进行言辞辩论。言辞辩论一方面是为了强化程序保障，另一方面是为了对实体争议进行审查。但是言辞辩论确实加剧了保全的本案化，给保全带来了一定负担，因此德国此后在修改民事诉讼法时又增加“在紧迫情形下可以不经言辞辩论作出驳回假处分的申请的裁判。”日本亦是在经历了上述问题后，开始探求符合民事保全特征的程序。现行民事保全法审理方式采用“审问”，即以口头方式进行质问。

上述国家对待行为保全程序采取的程序视具体情况决定，一味地书面审理会损害对方当事人的权利，而完全对席又会失去保全的功能。我国学者认为，“财产保全与行为保全的审理程序应当有所区别，行为保全应当视情况是否采取对席审理。因为如果不及时有效采取财产保全措施，被告的财产就会被转移、隐匿、出卖或毁损，原告的权益将遭受无法弥补的损失，因此必须采取突然袭击，即使有错误，给被告造成的损失往往是经济上的损失，在原告提供担保的情况下可以得到弥补；但是行为保全的情形，法官仅凭一方当事人的申请，无法作出对争议法律关系的判断，错误申请造成的损失难以恢复。”①

总而言之，行为保全裁定的作出完全仅依书面申请是不可取的，应视具体情况引入言辞辩论。除紧急行为保全外，行为保全的审理应以对席和言辞辩论为原则。需要在四十八小时内作出的裁定没有属于情况紧急的类型，在裁定作出后，法院仍然应当启动程序听取双方的意见。

第四节 健全行为保全的救济制度

一、复议程序的完善

根据我国《民事诉讼法》的规定，当事人对保全或者先予执行的裁定不服的，可以申请复议一次。复议期间不停止裁定的执行。同时，《民事诉讼法司法解释》第一百七十一条、第一百七十二条对复议管辖、当事人等程序问题进行了更为细致的规定。经复议，行为保全裁定正确的，驳回当事人复议申请；行为保全裁定不当的，应变更或撤销原裁定。除此之外，《专利法》第六十六条、《反家庭暴力法》第三十一条、《关于审查知识产权与竞争纠纷行为保全案件适用法律若干问题的解释（征求意见稿）》第十三条均规定当事人、利害关系人复议的权利。

人民法院作出保全裁定，则被申请人可以申请复议请求撤销保全裁定；而人民法院驳回申请人的保全申请时，申请人也可以获得复议的机会。保全裁定复议机制的设置体现了民事保全程序保护双方当事人利益的原则，特别

① 李仕春：《民事保全程序基本问题研究》，载《中外法学》2005 年第 1 期。

是对被申请人而言，其一旦被法院裁定限制某种行为或者被命令作出某种行为，将对其人身、财产造成一定的影响。虽然法律为了利益权衡，同样设置了担保机制，但担保具有滞后性，止损效果不及事中的干预，因此复议制度能够及时给被申请人提供救济。

但是在司法实务中，保全复议因缺乏明确的制度规定并未真正实现其救济功能。比如，申请人只能向作出裁定的法院提起复议，而复议审查是由原来的合议庭进行还是另行组成合议庭并没有细致的规定，较为普遍的做法是由同一合议庭来审查。《最高人民法院关于人身安全保护令案件相关程序问题的批复》第四条规定，对于人身安全保护令的被申请人提出的复议申请和人身安全保护令的申请人就驳回裁定提出的复议申请，可以由原审判组织进行复议；人民法院认为必要的，也可以另行指定审判组织进行复议。北京高院的倾向性意见是，另行组成合议庭进行复议。批复明确了由原审判组织复议即可，但对此问题暂时并未作出硬性规定，主要是因为：第一，根据广东省珠海市香洲区人民法院施行人身安全保护裁定几年来的经验，随着人们对人身安全保护裁定的深入了解，申请复议案件本身就不是很多。而且原来该院采取了另行组成合议庭复议的方式，但后来又改为由原审判组织复议。审判实践证明，是否应当发出人身安全保护令，更多的是基于审理此类案件的法官对人身安全保护令申请人当时所面临情况的判断，主观性较强。因为，保护令发出前的听证，并非必须进行，即使法官决定询问当事人，也不一定能够听到双方当事人的陈述、辩论。此后由原审判组织去判断人身安全保护令是否正确，可能会因为条件的不同而作出不同的判断。①

同时，复议的程序没有具体的规定，没有赋予当事人真正的程序参与权和辩论权。因此法院对复议的审查往往是走过场，不会对结果产生实质改变。我国法院在裁定保全时，经常将申请人是否提供担保作为裁定的实质要件，即便诉讼中行为保全只是作为法官裁量的因素，法官仍然形成了不担保就不能保全的惯性思维。在申请人提供担保后，法官通常倾向于作出保全裁定，因此被申请人再提出复议要求撤销保全变得十分困难；而在申请人不提供担保因此被法院驳回申请的情况下，申请人的复议同样很难得到法院的支持。

---

① 此观点的表述引自程新文、韩玫：《解读〈最高人民法院关于人身安全保护令案件相关程序问题的批复〉》，载《民事审判指导与参考》第66辑；转引自张宝成：《民事行为保全制度研究》，中国人民大学博士学位论文2017年，第204页。

对此我国学者提出，可以对复议的审理程序以及审查标准作统一的规定，并在此基础上，进一步明确法院传唤双方当事人进行言辞辩论；或者借鉴《美国联邦民事诉讼规则》的做法，在通知对方当事人之前可以申请财产扣押令，在通知之后可以申请临时性限制令，然后在10日内举行听审，决定是否作出预备性禁令。①

二、行为保全的上诉

在行为保全的救济机制选择上，我国有学者提出，应在现有复议制度基础上进行改造完善，还有的观点则认为应建立行为保全的上诉。持此观点的学者认为应当通过上诉程序进行救济的理由是，行为保全裁定会产生终局救济的效果，且我国现行行为保全程序制度对当事人的程序权利保护存在欠缺，因此现有的复议救济并不能很好地平衡法律的效率和公正价值，常表现出效率更优于公正。为了在维护程序公正和实体公正的前提下追求诉讼效率，应通过上诉程序来加强行为保全的救济。② 行为保全既涉及程序问题，又涉及实体问题，法官自由裁量空间较大，本身既能预防难以弥补的损害，也能因为错误裁定导致难以弥补的损害，效果几乎等同于判决，因此目前的复议救济机制与程序保障要求相去略远。③

行为保全的上诉程序应当不同于普通程序的上诉，因为行为保全裁定毕竟不同于实体判决，虽然涉及实体事项的裁判，但也只是一种初步的证明和审查，并不需要经过严格的审理程序，无须公开的口头辩论。同时，行为保全的上诉还需兼顾公正和效率的价值。我国二审程序实际是“续审制”的模式，在尊重原审事实的基础上，允许二审提交新证据。行为保全的上诉不宜采用“续审制”模式，因为行为保全上诉的功能意在监督而非解决纠纷，即对原审行为保全裁定进行法律监督，审查其支持保全的裁定或驳回申请的裁定是否合法有据。对此，行为保全上诉应当以原审行为保全的事实基础为依据进行审查。而审理程序应当与现行上诉程序有所区别，以不开庭为主，将开庭限定在一定范围。对于原审剥夺了当事人辩论权的情形，应当开庭给予当事人口头辩论的机会。

---

① 李仕春：《民事保全程序基本问题研究》，载《中外法学》2005年第1期。
② 李曼著：《美国中间禁令制度研究》，社会科学文献出版社2020年版，第161页。
③ 李曼著：《美国中间禁令制度研究》，社会科学文献出版社2020年版，第162页。

第五节　完善行为保全的执行程序

一、执行措施的类型化

我国立法对于行为保全的执行措施没有作专门的规定，因此司法实务中主要是将行为保全与财产保全按照终局执行的方式加以对待。然而行为保全的对象是行为，而财产保全的对象是财产，两者因对象的不同而在执行措施方面有天然的区别。财产执行通常只需通过查封、扣押、冻结等较为成熟的手段即可实现对保全财产的暂时控制，能够预防财产权利人对财产的处置。但是行为保全分为积极的作为和消极的不作为，即法院相应作出的保全命令分为命令和禁令，法院的执行措施应当以行为本身的特性出发，执行措施的层次应当更为复杂和灵活。

目前行为保全执行措施的依据主要是《民事诉讼法》第二百五十七条、第二百五十九条以及《民事诉讼法司法解释》第五百零一条和第五百零五条。《民事诉讼法》第二百五十七条规定，强制迁出房屋或者强制退出土地，由院长签发公告，责令被执行人在指定期间履行。被执行人逾期不履行的，由执行员强制执行。强制执行时，被执行人是公民的，应当通知被执行人或者他的成年家属到场；被执行人是法人或者其他组织的，应当通知其法定代表人或者主要负责人到场。拒不到场的，不影响执行。被执行人是公民的，其工作单位或者房屋、土地所在地的基层组织应当派人参加。执行员应当将强制执行情况记入笔录，由在场人签名或者盖章。强制迁出房屋被搬出的财物，由人民法院派人运至指定处所，交给被执行人。被执行人是公民的，也可以交给他的成年家属。因拒绝接收而造成的损失，则由被执行人承担。第二百五十七条针对强制迁出的执行作了比较细致的规定，因此实务中此类保全执行可依第二百五十七条直接采取措施。然而，除此之外其他类型的行为保全并没有明确的层次和区分。《民事诉讼法》第二百五十九条规定对判决、裁定和其他法律文书指定的行为，被执行人未按执行通知履行的，人民法院可以强制执行或者委托有关单位或者其他人完成，费用由被执行人承担。《民事诉讼法司法解释》第五百零一条规定被执行人不履行生效法律文书确定的行为义务，该义务可由他人完成的，人民法院可以选定代履行人；法律、行政法规对履行该行为义务有资格限制的，应当从有资格的人中选定。必要时，可以通过招标的方式确定代履行人。申请执行人可以在符合条件的人中推荐代履行人，也可以申请自己代为履行，是否准许，由人民法院决定。《民事诉讼法司法解释》第五百零三条规定被执行人不履行法律文书指定的行为，且该项行为只能由被执行人完成的，人民法院可以依照《民事诉讼法》第一百一十四条第一款第（六）项的规定处理。

从法条梳理来看，行为保全的执行措施视行为是否具有不可替代性而有所不同。可替代的行为，法院在被执行人不履行相应行为时，可以选定代履行人代为履行；不可替代的行为，则在被执行人不履行时，人民法院可以根据情节轻重予以罚款、拘留；构成犯罪的，依法追究刑事责任。

保全行为通常分为作为和不作为，不作为不能替代，作为又以是否可由他人履行分为可替代的作为和不可替代的作为。在此区分的基础上，我国有学者认为，行为的执行更应考虑当事人的履行难度等衡平问题以及保全的“中间性”特点，可替代的行为如砍树、拆除房屋、清除污水等，可以在法院作出裁定后，由申请人选定代为履行的第三人或者自行实施该行为，但是一般应由法院指定，代替履行的费用应由被申请人承担。而不可替代的行为通常与被申请人的身份、资格等相关，无法通过替代履行来实现法律效果，因此当被申请人不履行时，可以通过处罚促使被申请人履行。① 还有学者更进一步地指出，对不作为的义务进行强制执行，是以债务人的积极作为为前提，如果债务人不实施侵犯债权人权益的行为，则没有强制执行的必要性。② 因此，事实上，虽然都是不可替代，但不作为与不可替代的作为还是存在差别。《德国民事诉讼法》规定了不同的间接执行措施：在不可替代行为执行的情况下，法律规定的强制措施是屈服性的，目的仅在于迫使债务人主观意志屈服，并不侧重对债务人拒不履行义务行为的处罚。而不作为执行，规定的是违警措施，具有惩罚的性质，迫使债务人基于对惩罚的恐惧而不再实施该行为。这种处罚不具有撤销或者中止执行的可能性。③

① 李曼著：《美国中间禁令制度研究》，社会科学文献出版社 2020 年版，第 149 页。
② 肖建国主编：《民事执行法》，中国人民大学出版社 2014 年版，第 343 页。
③ 张宝成：《民事行为保全制度研究》，中国人民大学 2017 年博士学位论文，第 189 页。

二、人身安全保护令执行的完善

（一）人身安全保护令执行的困境

人身安全保护令的执行效果是目前司法实务关注的重点，虽然《反家庭暴力法》专章规定了人身安全保护令的申请主体、申请程序以及执行主体、执行措施等，但在具体执行中却仍然存在诸多困难，致使人身安全保护令保护申请人人身安全的效果未得到有效的发挥。实务中有不少被申请人拒收保护令，或者保护期一过又继续实施暴力行为，导致人身安全保护令执行的反复。由于我国执行主体系人民法院，人身安全保护令执行的反复性、持续性、执行对象的多样性等进一步增加了人民法院执行的难度。

从司法实务来看，人身安全保护令存在执行困境的主要原因有以下几个：第一，人身安全保护令未明确禁止的具体行为或者对具体行为予以禁止的具体方式等，通常采用“禁止实施家庭暴力”“禁止实施骚扰、跟踪”等较为模糊的用语。将人身安全保护令交付执行时，裁定中的模糊用词会加剧执行的难度，因为执行机关不能在裁定之外就裁定未明确的内容进行执行。例如，法院裁定中仅裁定“禁止实施家庭暴力”，而到执行环节，执行主体将面临能否进一步禁止被申请人在申请人的单位或者住所地骚扰的执行困境。第二，人民法院作为执行主体，需要公安机关、居民委员会及村民委员会协助执行，但目前协助执行程序、协助执行机关如何协作以及若不协助法院将承担何种不利后果，立法中未予以明确。通常都是各地在执行中积极探索，形成地方经验。法院将人身保护令送达后，协助执行机关若未能尽到协助义务，则将会大大影响人身安全保护令的执行效果。第三，违反人身保护令的惩处机制尚未建立，而《民事诉讼法》关于不履行裁判文书的惩罚措施相对人身保护令的复杂情形又过于笼统，因此实务中被申请人无视人身安全保护令或者变相规避人身安全保护令的现象比较突出。《反家庭暴力法》第三十四条规定，被申请人违反人身安全保护令，构成犯罪的，依法追究刑事责任；尚不构成犯罪的，人民法院应当给予训诫，可以根据情节轻重处以一千元以下罚款、十五日以下拘留。这条关于惩罚措施的规定未能有效发挥惩戒和威慑的作用，训诫、罚款、拘留各自适用的标准未予明确，具体执行时常常遇到障碍。特别是当被申请人变相规避人身安全保护令时，其行为是否构成对人身安全保护令的违反，在具体执行时常有争议。

（二）完善人身安全保护令的执行制度

1. 完善人身安全保护令的执行主体体系

我们国家针对反家庭暴力逐步尝试建立多部门协作机制，其中将公安机关的职责明确为：接到家庭暴力报案后应当及时出警，制止家庭暴力。在执行人身安全保护令时，公安机关应当积极发挥协助执行的作用，及时出警对暴力行为予以禁止。例如，法院作出裁定禁止被申请人继续殴打申请人，在被申请人违反人身安全保护令的情况下，公安机关应当及时制止并采取临时安置措施以保护申请人的人身安全。

村民委员会、居民委员会等基层组织与申请人和被申请人的生活、工作都具有紧密的联系，更应发挥协助作用。法院将裁定送达后，居委会、村委会应通过防治网络来对人身安全保护令的执行实施有效监督，发现违反保护令的行为时可以协助甚至代替遭受暴力的主体报警或寻求法院救济。除此之外，还应延伸居委会、村委会协助执行的功能，建立回访机制，引入专业定期辅导，帮助施暴者进行观念引导，帮助受暴力侵害的主体进行心理矫正。

2. 细化人身安全保护令的执行措施

为了保障人身安全保护令的执行能够落实到位，除了加强执行主体与协助义务主体之间的衔接，强化协助义务主体的协助义务之外，还应进一步细化人身安全保护令的执行措施。目前《反家庭暴力法》规定执行措施有：禁止被申请人实施家庭暴力，禁止被申请人骚扰、跟踪、接触申请人及其相关近亲属，责令被申请人迁出申请人住所，保护申请人人身安全的其他措施。建议在此基础上对相应的措施做进一步细化解释，禁止实施家庭暴力细化为“禁止被申请人继续殴打、捆绑、残害、限制申请人人身自由”“禁止被申请人谩骂、恐吓”“禁止被申请人强行与申请人实施性行为”等。禁止骚扰、跟踪、接触则可以进一步细化为“禁止利用电子监控设备对申请人进行跟踪”、“禁止以电话、微信等间接方式或者直接出没在申请人办公场所、居住场所等方式骚扰申请人的正常生活”。而“禁止接触”则可以明确远离的距离，如仍然在同一个屋檐下生活的情形，可以禁止被申请人在申请人活动的区域内靠近等。最后的兜底条款有待在司法实务中总结梳理各地法院的经验，将具体的执行措施通过列举的方式加以明确。

3. 强化人身安全保护令的文书表述

在人身安全保护令执行措施得以细化的基础上，法院在作出裁定时应当强化裁定内容的表述，使得裁定的执行内容更为具体明确。

4. 形成操作性强的处罚机制

有学者提出，将违反人身安全保护令责任进行量化，法官在衡量采取何种处罚方式时，可发挥自由裁量权，如对于再次实施骚扰、跟踪、威胁或毁坏财物等变相违反保护令的，予以训诫；拒不迁出住所的，予以强制执行，并处以1000元以下罚款；再次实施行为暴力、语言暴力、性暴力的，予以限制人身自由。[①] 总体上来看，为保障人身安全保护令的执行效果，应当明确处罚机制体系，根据违反人身安全保护令的严重程度来对应具体的处罚措施，将训诫、罚款、行政拘留、刑事拘留的具体适用情形予以界定。除此之外，还可以在现有的处罚类型基础上增加新的类型，如在一定范围内公布被申请人的不良行为，或者将被申请人列入执行黑名单，对其行为作出一定限制，还可以考虑与社区、单位等建立联合机制，从管理的层面对其加以处罚，如针对有工作单位的被申请人，可以结合单位警告、记过等方式加强威慑力。

还有学者提出应当针对违反人身安全保护令的行为专门设立一个罪名，在刑法范畴内对违反者予以惩戒。但我国已经有拒不执行判决、裁定罪，因此，违反人身安全保护令性质严重构成犯罪的，可以纳入这个罪名中。

① 张宝成：《民事行为保全制度研究》，中国人民大学2017年博士学位论文，第198页。

附：

相关案例

美国礼来公司、礼来（中国）研发公司与黄某某侵害技术秘密纠纷案[①]

上海市第一中级人民法院

民事判决书

（2013）沪一中民五（知）初字第119号

【基本案情】

黄某某于2012年5月入职礼来（中国）研发公司（简称礼来中国公司），双方签订了《保密协议》。2013年1月，黄某某从礼来中国公司的服务器上下载了美国礼来公司、礼来中国公司（合并称为礼来公司）48个所拥有的文件（礼来公司宣称其中21个为其核心机密商业文件），并将上述文件私自存储至黄某某所拥有的设备中。经交涉，黄某某签署同意函，承认下载了33个属于公司的保密文件，并承诺允许礼来公司指定的人员检查和删除上述文件。此后，礼来公司曾数次派员联系黄某某，但黄某某拒绝履行同意函约定的事项。礼来公司于2013年2月27日致信黄某某宣布解除双方劳动关系。2013年7月，礼来公司以黄某某侵害技术秘密为由诉至上海市第一中级人民法院，同时提出行为保全的申请，请求法院责令被申请人黄某某不得披露、使用或者允许他人使用从申请人处盗取的21个商业秘密文件。为此，礼来公司向法院提供了涉案21个商业秘密文件的名称及内容、承诺书等证据材料，并就上述申请还提供了担保金。上海市第一中级人民法院审查认为，申请人提交的证据能够初步证明被申请人获取并掌握了申请人的商业秘密文件，由于被申

① 本书扩展阅读中所引用案例全部引自中国裁判文书网。

请人未履行允许检查和删除上述文件的承诺，致使申请人所主张的商业秘密存在被披露、使用或者外泄的危险，可能对申请人造成无法弥补的损害，符合行为保全的条件。2013 年 7 月 31 日，该院作出民事裁定，禁止被申请人黄某某披露、使用或允许他人使用申请人美国礼来公司、礼来中国公司主张作为商业秘密保护的 21 个文件。2013 年 12 月 25 日该院作出一审判决，认为黄某某的行为构成对礼来公司商业秘密的侵犯，应予停止，但由于礼来公司未提供证据证明其所遭受的损失，法院仅判决赔偿其因本案支出的合理费用 12 万元。该案一审判决已经生效。

北京稻香村食品有限责任公司与北京苏稻食品工业有限公司等申请行为保全纠纷案

北京知识产权法院
民事裁定书

（2015）京知民初字第1606号

申请人：北京稻香村食品有限责任公司。

法定代表人：毕某，总经理。

被申请人：北京苏稻食品工业有限公司。

法定代表人：王某，总经理。

被申请人：苏州稻香村食品有限公司。

法定代表人：沈某，董事长。

申请人北京稻香村食品有限责任公司（以下简称北京稻香村公司）诉被申请人北京苏稻食品工业有限公司（以下简称北京苏稻公司）、被申请人苏州稻香村食品有限公司（以下简称苏州稻香村公司）侵犯商标权及不正当竞争纠纷一案，申请人北京稻香村公司于2016年5月20日向本院提出行为保全申请，请求对被申请人北京苏稻公司和苏州稻香村公司采取行为保全措施，即被申请人北京苏稻公司和苏州稻香村公司立即停止在1号店、苏宁易购、我买网、京东商城、天猫商城等电商平台销售带有"稻香村"扇形商标、"稻香村"文字商标以及"稻香村集团"文字商标标识的蛋糕、糕点、月饼、面包、饼干、粽子、年糕等商品，并立即停止在1号店、苏宁易购、我买网、京东商城、天猫商城等电商平台的宣传推广中使用"稻香村"扇形商标、"稻香村"文字商标以及"稻香村集团"文字商标标识。

申请人北京稻香村公司主张其是核定使用在第30类"馅饼、饺子、年糕、粽子、元宵、豆包"等商品上的第1011610号"稻香村"文字注册商标（附件一）专用权人，且该注册商标曾于2014年9月4日被国家工商行政管理总局商标局（以下简称商标局）批复认定为驰名商标；此外，其在生产经营的糕点类商品上使用的“稻香村”商标（附件二）应被认定为未注册驰名商标。申请人发现被申请人北京苏稻公司和苏州稻香村公司在1号店、苏宁易购、我买网、京东商城、天猫商城等电商平台销售了带有“稻香村”扇形商标、“稻香村”文字商标以及“稻香村集团”文字商标标识的糕点等商品，构成对申请人上述第1011610号“稻香村”文字注册商标专用权以及其在糕点类商品上使用的“稻香村”未注册驰名商标权益的侵犯。且被申请人北京苏稻公司和苏州稻香村公司在上述电商平台的宣传、推广过程中亦使用了“稻香村”扇形商标、“稻香村”文字商标以及“稻香村集团”文字商标标识，构成对申请人北京稻香村公司的涉案上述注册商标专用权和驰名商标相关权益以及未注册驰名商标权益的侵害。此外，被申请人北京苏稻公司还在网页宣传中作引人误解的虚假宣传，构成不正当竞争。为此，北京稻香村公司诉至法院，请求判令北京苏稻公司和苏州稻香村公司：1、停止侵犯北京稻香村公司涉案注册商标专用权的行为及不正当竞争行为，并停止在糕点等商品上使用“稻香村”扇形商标、“稻香村”文字商标以及“稻香村集团”文字商标标识；2、连带赔偿北京稻香村公司经济损失及因制止侵权的合理支出共计3000万元；3、在《北京晚报》刊登声明，就其侵权行为消除影响；4、承担本案诉讼费用。在本案诉讼期间，北京稻香村公司向本院提出上述行为保全申请。

2016年8月11日，本院组织双方当事人进行谈话，听取其对采取行为保全措施的意见。被申请人北京苏稻公司、苏州稻香村公司不同意采取行为保全措施，主要理由为：首先，北京稻香村公司的权利依据模糊，对于北京稻香村公司已注册商标与未注册商标的保护应当存在差别，在未认定北京稻香村公司的已注册商标及未注册商标是否构成驰名商标的情况下，法院不应作出行为保全裁定；其次，申请人北京稻香村公司并未明确被诉侵权行为所侵犯的商标专用权，且在申请人北京稻香村公司仅提交相关网页打印件的情况下，被诉侵权产品的范围亦不确定；再次，苏州稻香村食品工业有限公司注册取得的第7116769号“稻香村集团”文字商标（附件三）目前处于商标转让过程中，受让人即为苏州稻香村公司。该商标处于无效宣告司法审查阶段，无法确定被申请人的行为是否构成侵权；最后，北京稻香村公司并未提供相应担保。2016年8月30日，申请人北京稻香村公司向本院补充提交了指控两被申请人侵权的7份公证书等证据。2017年1月13日，本院组织双方当事人就上述补充证据发表质证意见。2017年5月1日，在前述补充证据的基础上，申请人北京稻香村公司就其主张的两被申请人侵害其注册商标专用权及驰名商标的相关权益、未注册驰名商标的相关权益及构成不正当竞争行为的相关事实，向本院补充提交相关证据四册3302页。2017年5月8日，申请人北京稻香村公司以金达融资担保有限责任公司出具的3000万元责任保险担保函提供担保。

2017年9月18日，本院就申请人北京稻香村公司补充提交的相关证据听取了双方当事人的意见。被申请人北京苏稻公司、苏州稻香村公司主张：苏州稻香村公司在糕点类商品上于1982年4月2日和1988年5月24日曾分别注册取得第184905号“稻香村dxc及图”商标以及第352997号“稻香村dxc及图”商标（附件四），且在电商平台销售的产品上使用的是未注册的“稻香村”文字商标，被申请人北京苏稻公司和苏州稻香村公司使用稻香村商号及商标并不存在侵权；如采取行为保全措施，可能对被申请人北京苏稻公司和苏州稻香村公司造成的损失预估超过1亿元，申请人北京稻香村公司提供3000万元的担保无法弥补其损失。

本院经审查认为，根据《中华人民共和国民事诉讼法》（以下简称《民事诉讼法》）第一百条第一款的规定，“人民法院对于可能因当事人一方的行为或者其他原因，使判决难以执行或者造成当事人其他损害的案件，根据对方当事人的申请，可以裁定对其财产进行保全、责令其作出一定行为或者禁止其作出一定行为；当事人没有提出申请的，人民法院在必要时也可以裁定采取保全措施。”

根据2002年1月9日发布的《最高人民法院关于诉前停止侵犯注册商标专用权行为和保全证据适用法律问题的解释》的第十条、第十一条、第十六条的相关规定，当事人对责令停止侵犯注册商标专用权行为裁定不服申请复议的，“人民法院应当从以下方面进行审查：（一）被申请人正在实施或者即将实施的行为是否侵犯注册商标专用权；（二）不采取有关措施，是否会给申请人合法权益造成难以弥补的损害；（三）申请人提供担保的情况；（四）责令被申请人停止有关行为是否损害社会公共利益。”据此，在审查是否应当采取相关行为保全措施时，本院亦可从上述四个方面予以考虑。

在本院审理的（2016）京73行保1号申请人浙江唐德影视股份有限公司

与被申请人上海灿星文化传播有限公司、世纪丽亮（北京）国际文化传媒有限公司、梦响强音文化传播（上海）有限公司诉前责令停止侵犯商标权及不正当竞争行为一案中，本院在审查是否应当责令被申请人停止相关行为时作出以下认定：“审查是否应当责令被申请人停止相关行为，主要考虑以下因素：申请人是否是权利人或利害关系人；申请人在本案中是否有胜诉可能性；是否具有紧迫性，以及不立即采取措施是否可能使申请人的合法权益受到难以弥补的损害；损害平衡性，即不责令被申请人停止相关行为对申请人造成的损害是否大于责令被申请人停止相关行为对被申请人造成的损害；责令被申请人停止相关行为是否损害社会公共利益；申请人是否提供了相应的担保。”本案中，申请人北京稻香村公司系在诉讼期间提出涉及侵犯商标权行为的行为保全申请，与上述诉前提出行为保全申请的案件相比，仅涉及的申请阶段有所区别，故本院在审查是否应当责令被申请人停止相关行为时，可参照上述裁定的相关认定因素。

综合上述相关法律及司法解释的规定，并参考本院在先生效裁定，本院从以下几个方面对是否有必要在本案中采取行为保全措施予以分析：

第一，关于申请人是否是权利人或利害关系人，即行为保全申请人据以提出申请的权利依据是否有效和稳定问题。

在行为保全措施的审查中，首先应当明确的是申请人据以提出申请的权利依据是否有效和稳定的问题。本案中，申请人北京稻香村公司主张的权利依据包括以下两个方面：

一是第1011610号“稻香村”文字注册商标专用权及驰名商标的相关权益。本案相关证据表明，1997年5月21日，经商标局核准，申请人北京稻香村公司在第30类“馅饼、饺子、年糕、粽子、元宵、豆包”等商品上注册取得第1011610号“稻香村”文字注册商标，其核定使用的商品属《类似商品和服务区分表》3007群组。经续展，该商标有效期至2027年5月20日，现为合法有效的商标。申请人北京稻香村公司还提出认定第1011610号“稻香村”文字注册商标为驰名商标的请求，并提交了2003-2005年审计报告、2006-2007年资产损益表和资产负债表、2008-2010年审计报告、2010-2012年资产损益表和资产负债表、2011-2013年财务审计报告、2010-2015年销售合同及1983-2005年销售发票、《北京日报》等报刊杂志对北京稻香村公司及其产品进行宣传的相关报道、1994-1995年以及2007-2015年广告协议及发票等方面的证据予以证明。鉴于该商标曾于2014年9月4日被商标局批复认定为驰名商标，且申请人提交的相关证据可以证明该商标在全国范围内进行了持续广泛的宣传和使用，并在相关公众中取得了较高的知名度，为公众所熟知，故根据上述证据认定该商标为驰名商标，具有较大的可能性。

二是申请人北京稻香村公司在糕点等商品上使用的“稻香村”未注册驰名商标的相关权益。鉴于被申请人苏州稻香村公司在《类似商品和服务区分表》3006群组的饼干商品以及果子面包、糕点商品上分别在先注册有第184905号“稻香村dxc及图”商标、第352997号“稻香村dxc及图”商标，苏州稻香村食品工业有限公司在3006群组的“糕点、面包、月饼、饼干”商品上注册有第7116769号“稻香村集团”商标，且被申请人苏州稻香村公司亦主张其在糕点类商品上使用的是其未注册的“稻香村”文字商标，上述商标标识中均包括“稻香村”文字，申请人在类似商品上提出认定“稻香村”商标标识为其未注册驰名商标的主张，可能涉及双方当事人相关权利的冲突问题，本院无法在该行为保全程序性措施审查过程中进行判定，故申请人主张的未注册驰名商标不能作为其权利依据在行为保全这一程序性措施审查过程中提出。

综上，申请人北京稻香村公司作为第1011610号“稻香村”注册商标专用权人，该权利稳定、有效，同时考虑该商标被认定为驰名商标具有较大可能性，其可以以此作为权利依据向本院提出涉案行为保全申请。被申请人北京苏稻公司、苏州稻香村公司提出北京稻香村公司主张的权利依据模糊以及被诉侵权行为所侵犯的商标专用权并不明确等主张，依据不足，本院不予支持。

第二，关于被申请人正在实施或者即将实施的行为是否构成侵犯注册商标专用权及驰名商标的相关权益、是否构成侵犯未注册驰名商标的相关权益，即行为保全申请人在本案中是否具有胜诉的可能性问题。

本案中，申请人北京稻香村公司主张被申请人北京苏稻公司、苏州稻香村公司实施了侵害其享有的涉案第1011610号“稻香村”文字注册商标专用权及驰名商标的相关权益、在糕点等商品上使用的“稻香村”未注册驰名商标权益的行为，本院具体分析如下：

首先，关于侵害注册商标专用权及驰名商标相关权益的可能性。如前所述，申请人北京稻香村公司提出的相关证据表明第1011610号“稻香村”文字商标存在被认定驰名商标的较大可能性。为证明被申请人在天猫商城、1号店、苏宁易购、京东商城和我买网等电商平台上存在被诉侵权行为，北京稻香村公司提交了（2015）京东方内民证字第9823号公证书、（2015）京东方内民证字第8153-8155号公证书、（2016）京海诚内民证字第10842-10845号公证书等证据。

1. 关于糕点等产品的被诉侵权行为

根据申请人北京稻香村公司提交的上述现有证据，被申请人北京苏稻公司和苏州稻香村公司在生产销售的糕点、月饼等商品上，在天猫商城、1号店、苏宁易购、京东商城和我买网等电商平台销售糕点、月饼等商品的图标上以及点击相关页面后关于商品的详细介绍中使用了“稻香村”扇形标识、“稻香村”文字标识，其中均包含“稻香村”文字，与第1011610号“稻香村”注册商标构成相同或近似。第1011610号“稻香村”注册商标核定使用的商品属《类似商品和服务区分表》3007群组，北京苏稻公司和苏州稻香村公司生产销售的蛋糕、糕点、月饼、面包、饼干等商品属《类似商品和服务区分表》3006群组，上述商品与第1011610号“稻香村”注册商标核定使用的商品属于不同群组。据此可以判定，北京苏稻公司和苏州稻香村公司存在侵犯北京稻香村公司涉案第1011610号“稻香村”注册商标驰名商标相关权益的可能性。申请人北京稻香村公司还提出被申请人北京苏稻公司和苏州稻香村公司在生产销售的糕点、月饼等商品上，在天猫商城、1号店、苏宁易购、京东商城和我买网等电商平台销售糕点等商品的宣传推广中使用了“稻香村集团”文字商标，亦侵犯了其涉案第1011610号“稻香村”注册商标专用权及驰名商标相关权益。鉴于苏州稻香村食品工业有限公司经商标局核准，于2010年7月14日在第30类“糕点、面包、月饼、饼干”商品上注册取得第7116769号“稻香村集团”文字商标，并于2015年12月4日向商标局提交了关于该商标的转让申请，受让人即为被申请人苏州稻香村公司，虽然现转让申请并未核准，且该商标在国家工商行政管理总局商标评审委员会作出的商评字［2016］第62272号《关于第7116769号“稻香村集团”商标无效宣告请求裁定书》中予以无效宣告，但该裁定尚处于司法审查程序中，并未生效，第7116769号“稻香村集团”商标目前仍为合法有效的注册商标。

根据《最高人民法院关于审理注册商标、企业名称与在先权利冲突的民事纠纷案件若干问题的规定》第一条第二款的规定，“原告以他人使用在核定商品上的注册商标与其在先的注册商标相同或者近似为由提起诉讼的，人民法院应当根据民事诉讼法第一百一十一条第（三）项的规定，告知原告向有关行政主管机关申请解决。但原告以他人超出核定商品的范围或者以改变显著特征、拆分、组合等方式使用的注册商标，与其注册商标相同或者近似为由提起诉讼的，人民法院应当受理。”其中涉及的《民事诉讼法》的条文系2007年10月28日修正的文本，现该条文在2017年6月27日修正的文本中已改为第一百二十四条第（三）项，条文内容仍为“依照法律规定，应当由其他机关处理的争议，告知原告向有关机关申请解决”。根据本案现有证据，被申请人在糕点等商品上并未以改变显著特征、拆分、组合等方式使用第7116769号“稻香村集团”注册商标的情形，故申请人就被申请人在糕点等商品上使用“稻香村集团”商标标识的行为所提出的主张，本院无法在该民事诉讼程序中予以处理，其应就此向有关行政主管机关申请解决。事实上，有关行政主管机关作出的关于第7116769号“稻香村集团”商标无效宣告请求的裁定目前即处于司法审查程序过程中。

2. 关于粽子等产品的被诉侵权行为

根据申请人北京稻香村公司提交的上述现有证据，被申请人北京苏稻公司和苏州稻香村公司在生产销售的粽子等商品上，在天猫商城、1号店、苏宁易购、京东商城和我买网等电商平台销售了带有“稻香村集团”标识的粽子等商品，在上述电商平台的涉案粽子等商品的详细介绍中使用了“稻香村”、“稻香村集团”的标识。其中均包含“稻香村”文字，与第1011610号“稻香村”注册商标构成相同或近似。北京苏稻公司和苏州稻香村公司生产销售的粽子等商品与第1011610号“稻香村”注册商标核定使用的商品同属《类似商品和服务区分表》3007群组，属于相同或类似群组。据此可以判定，北京苏稻公司和苏州稻香村公司存在侵犯北京稻香村公司涉案第1011610号“稻香村”注册商标专用权的可能性。如前所述，第7116769号“稻香村集团”文字商标核定使用的商品为第30类3006群组“糕点、面包、月饼、饼干”，被申请人苏州稻香村公司超出该商标的核定使用商品的范围在3007群组的粽子等商品上使用“稻香村集团”文字标识，并非使用其第7116769号“稻香村集团”注册商标的行为。被申请人提出其上述行为不构成侵权，缺乏事实和法律依据，本院不予采纳。

其次，关于侵害未注册驰名商标权益的可能性。如前所述，申请人在糕点等类似商品上提出认定“稻香村”商标标识为其未注册驰名商标的主张，可能涉及双方当事人相关权利的冲突问题，故本院无法在行为保全程序性措施审查过程中进行判定，目前亦无法判断是否存在申请人主张的被申请人侵害其未注册驰名商标相关权益的可能性。

综上，被申请人北京苏稻公司、苏州稻香村公司提出在未认定北京稻香村公司的已注册商标是否构成驰名商标的情况下，被诉侵权行为并不构成商标侵权，法院不应作出行为保全裁定的主张，依据不足，本院不予支持。

第三，关于如不采取有关行为保全措施，是否会给行为保全申请人的合法权益造成难以弥补的损害，即难以弥补的损害的判断和行为保全措施采取的紧迫性问题。

难以弥补的损害，通常是指被申请保全行为给申请人造成的损害是通过金钱赔偿难以弥补或者难以通过金钱计算的。可能造成难以弥补的损害的情形，除被申请保全的行为可能侵犯人身性质的权利、损害商誉等情形外，还包括被申请保全的行为的发生和持续，将快速抢占申请人的市场份额，从而严重削弱申请人的竞争优势、使其利益大幅减损的情形。本案中，被申请人北京苏稻公司和苏州稻香村公司在涉案蛋糕、糕点、月饼、面包、饼干、粽子等商品上的涉案被诉侵权行为，可能造成相关公众对商品来源的混淆误认，鉴于目前临近中秋节及国庆长假，传统糕点等产品处于销售旺季，月饼、糕点等被诉侵权产品的销售量会显著增加，北京稻香村公司的市场份额会被快速抢占，从而使其利益受到大幅减损。故如不责令被申请人北京苏稻公司和苏州稻香村公司立即停止涉案行为，将可能会对申请人北京稻香村公司的市场份额造成严重影响，会对其利益造成难以弥补的损害，该损害将会大于责令被申请人北京苏稻公司、苏州稻香村公司停止涉案行为对其造成的损害。因此，采取涉案行为保全措施具有紧迫性和必要性。被申请人虽提出采取行为保全措施可能对其造成的损失超过 1 亿元的主张，并提交了相关微信截图，但上述材料仅仅能够证明其与相关电商平台意图达成中秋季相关销售目标，该销售目标能否实现及其可能获得的相关利润目前均无法确定，故本院对其上述主张不予采信。

第四，关于申请人是否就其提出的申请提供了相应的担保，即行为保全申请人提供的担保是否合法有效问题。

行为保全申请人提供的担保金额应当根据申请人和被申请人所提出的主

张及采取行为保全措施可能对被申请人造成的损失等因素合理确定，以能够弥补被申请人因申请保全错误而可能遭受的损失为限。如前所述，被申请人北京苏稻公司、苏州稻香村公司提交的相关微信截图不能证明采取行为保全措施对其造成的损失可能超过1亿元，故本案不应根据上述主张确定担保金额。本案中，申请人北京稻香村公司起诉主张被申请人北京苏稻公司、苏州稻香村公司侵权赔偿的数额为3000万元，其向本院提交的由金达融资担保有限责任公司出具的3000万元责任保险担保函及其与该公司签订的委托保证合同，目前能够覆盖被申请人北京苏稻公司和苏州稻香村公司的相关损失。因此，申请人北京稻香村公司提出的上述担保金额和担保形式属于合法有效的担保，若在本裁定执行的过程中，有证据证明被申请人北京苏稻公司和苏州稻香村公司因停止涉案行为造成更大损失的，本院将责令申请人北京稻香村公司追加相应的担保。北京稻香村公司如不追加担保，本院将解除行为保全措施。因此，被申请人北京苏稻公司、苏州稻香村公司提出申请人提供的担保无法弥补其损失的主张，本院不予支持。

第五，关于责令被申请人停止相关行为是否损害社会公共利益，即行为保全措施的采取是否涉及社会公共利益问题。

是否应当采取行为保全措施，除审查上述四个方面的因素，着重考虑对申请人权利的保护和对被申请人利益的损害之间的平衡之外，还必须要审查采取行为保全措施是否会损害社会公共利益。本案双方存在争议的“稻香村”相关标识问题，可能或已经给相关公众造成了难以识别商品来源和提供者的社会影响。本院如采取相关行为保全措施，责令被申请人北京苏稻公司、苏州稻香村公司停止涉案行为仅可能对两被申请人的经济利益产生影响，不仅不会对相关公众造成影响，从而影响社会公共利益，还可能在一定程度上帮助相关公众对相关商品的来源和提供者予以识别。且目前亦无证据表明涉案行为保全措施的采取可能会对社会经济秩序造成影响，故本院在平衡申请人作为权利人的利益、被申请人的利益以及社会公共利益的基础上，认定涉案行为保全措施的采取不会损害社会公共利益。

综上，申请人北京稻香村公司的行为保全申请部分符合法律规定，本院予以支持。本院依照《中华人民共和国民事诉讼法》第一百条、第一百零二条的规定，裁定如下：

一、北京苏稻食品工业有限公司、苏州稻香村食品有限公司立即停止在1

号店、苏宁易购、我买网、京东商城、天猫商城等电商平台销售带有“稻香村”扇形标识、“稻香村”标识的糕点等产品；立即停止在上述电商平台的涉案糕点等产品宣传推广中使用“稻香村”扇形标识、“稻香村”标识；

二、北京苏稻食品工业有限公司、苏州稻香村食品有限公司立即停止在1号店、苏宁易购、我买网、京东商城、天猫商城等电商平台销售带有“稻香村集团”标识的粽子等产品；立即停止在上述电商平台的涉案粽子等产品宣传推广中使用“稻香村”、“稻香村集团”标识。

案件申请费30元，由北京稻香村食品有限责任公司负担（已交纳）。

本裁定立即开始执行。

如不服本裁定，可以自收到裁定书之日起五日内向本院申请复议一次。复议期间不停止裁定的执行。

审 判 长 张晓津
审 判 员 崔 宁
审 判 员 刘义军
二〇一七年九月二十二日
法官助理 赵 楠
书 记 员 董 欣
书 记 员 杜文婷

陈某1、陈某2等与黄某、陈某5法定继承纠纷一审民事裁定书

海南省儋州市人民法院
民事裁定书

（2018）琼9003民初8328号

原告：陈某1

原告：陈某2

原告：陈某3

原告：陈某4

被告：黄某

被告：陈某5

第三人：陈某6

本院在审理原告陈某1、陈某2、陈某3、陈某4诉被告黄某、陈某5及第三人陈某6法定继承纠纷一案中，原告以被告黄某、陈某5及第三人陈某6在争议土地上修建房屋为由，向本院提出行为保全申请，要求责令被告黄某、陈某5及第三人陈某6停止在争议地土地即位于儋州市××镇土地上施工建房，维持土地现状，并提供原告陈某1、陈某2、陈某3名下位于儋州市××镇国有土地使用权［国有土地使用权证：儋国用（中和）字第××号，土地使用权面积134.26平方米］作为担保。

本院认为，原告陈某1、陈某2、陈某3、陈某4的申请符合法律规定，并提供了相应的财产担保，应当予以准许。依照《中华人民共和国民事诉讼法》第一百条之规定，裁定如下：

一、被告黄某、陈某5及第三人陈某6立即停止在位于儋州市××镇土地施工，保持土地现状。

二、查封原告陈某1、陈某2、陈某3名下位于儋州市××镇国有土地使用权［国有土地使用权证：儋国用（中和）字第××号］。

三、查封期限三年。

保全申请费30元，由原告陈某1、陈某2、陈某3、陈某4负担。

如不服本裁定，可以自收到裁定书之日起五日内向本院申请复议一次。复议期间不停止裁定的执行。

审　判　长　陈　伟
人民陪审员　谢造文
人民陪审员　柯承合
二〇一八年十二月二十六日
书　记　员　陈建佳

附：本案适用法律条文

《中华人民共和国民事诉讼法》

第一百条　人民法院对于可能因当事人一方的行为或者其他原因，使判决难以执行或者造成当事人其他损害的案件，根据对方当事人的申请，可以裁定对其财产进行保全、责令其作出一定行为或者禁止其作出一定行为；当事人没有提出申请的，人民法院在必要时也可以裁定采取保全措施。

人民法院采取保全措施，可以责令申请人提供担保，申请人不提供担保的，裁定驳回申请。

人民法院接受申请后，对情况紧急的，必须在四十八小时内作出裁定；裁定采取保全措施的，应当立即开始执行。

邢某、李某离婚纠纷一审民事裁定书

天津市滨海新区人民法院

民事裁定书

（2019）津0116民初2337号之二

申请人：邢某

被申请人：李某

本院在审理申请人邢某诉被申请人李某离婚纠纷一案中，申请人邢某于2019年3月6日向本院申请行为保全，请求对被申请人采取限制出境措施。

本院经审查认为，被申请人有未了结的民事案件，其出境可能造成案件难以审理、无法执行，申请人的申请符合法律规定。依照《中华人民共和国出境入境管理法》第十二条第（三）项，《中华人民共和国民事诉讼法》第一百条、第一百零二条规定，裁定如下：

限制被申请人李某出境。

本裁定立即开始执行。

如不服本裁定，可以自收到裁定书之日起五日内向本院申请复议一次。复议期间不停止裁定的执行。

审 判 员 马 越

二〇一九年四月四日

书 记 员 魏茂秋

附：本裁判文书适用法律条文

一、《中华人民共和国出境入境管理法》

第十二条　中国公民有下列情形之一的，不准出境：

（一）未持有效出境入境证件或者拒绝、逃避接受边防检查的；

（二）被判处刑罚尚未执行完毕或者属于刑事案件被告人、犯罪嫌疑人的；

（三）有未了结的民事案件，人民法院决定不准出境的；

（四）因妨害国（边）境管理受到刑事处罚或者因非法出境、非法居留、非法就业被其他国家或者地区遣返，未满不准出境规定年限的；

（五）可能危害国家安全和利益，国务院有关主管部门决定不准出境的；

（六）法律、行政法规规定不准出境的其他情形。

二、《中华人民共和国民事诉讼法》

第一百条　人民法院对于可能因当事人一方的行为或者其他原因，使判决难以执行或者造成当事人其他损害的案件，根据对方当事人的申请，可以裁定对其财产进行保全、责令其作出一定行为或者禁止其作出一定行为；当事人没有提出申请的，人民法院在必要时也可以裁定采取保全措施。

人民法院采取保全措施，可以责令申请人提供担保，申请人不提供担保的，裁定驳回申请。

人民法院接受申请后，对情况紧急的，必须在四十八小时内作出裁定；裁定采取保全措施的，应当立即开始执行。

第一百零二条　保全限于请求的范围，或者与本案有关的财物。

腾讯科技（深圳）有限公司等与武汉骏网互联科技股份有限公司互联网不正当竞争纠纷案

——互联网不正当竞争纠纷中临时禁令的适用

（2019）粤03民初1914号之二

【基本案情】

申请人：腾讯科技（深圳）有限公司，深圳市腾讯计算机系统有限公司。

被申请人：武汉骏网互联科技股份有限公司（以下简称武汉骏网）。

腾讯科技（深圳）有限公司、深圳市腾讯计算机系统有限公司以武汉骏网等研发、销售、运营专门针对微信产品进行功能设置的侠客群控智能营销系统构成不正当竞争为由，向广东省深圳市中级人民法院提起诉讼。案件受理后，申请人申请行为保全，请求法院颁发临时禁令，裁定被申请人立即停止涉案不正当竞争行为。

申请人认为，被申请人宣传、推广、销售专门针对微信软件进行功能设置的侠客群控智能营销系统，使用主控电脑对多台终端手机进行批量控制，针对微信软件执行规模化、自动化营销的44个功能，属于违规获取用户信息、批量添加微信好友、多渠道批量营销等恶意行为，同时进行技术对抗，使申请人难以通过平台治理消除该危害，不仅严重破坏了作为微信基础的社交生态，损害申请人经营利益，亦严重侵害了微信用户权益乃至社会公共利益，扰乱微信生态系统的竞争秩序，构成不正当竞争，故申请人的行为保全请求具有事实基础和法律依据。涉案不正当竞争行为侵害申请人商誉，若其持续实施推广销售，申请人的损害将不断扩大，不采取行为保全措施将会使申请人的合法权益受到难以弥补的损害。本案采取行为保全措施可预测后果为被申请人涉案软件产品吸引力下降，市场销售利润减少，其幅度不会超过本案中不采取行为保全措施对申请人造成的损害。涉案软件与微信软件相关的功能并非基于社会公众的必要需求，也不涉及公序良俗，不会损害社会公共利益。在申请人已经提供足够担保的情形下，申请人的行为保全申请事项符合法律规定，应予支持。

被申请人提出其行为是技术创新，满足了网络用户节约时间和成本，提高效率的要求，是减少沟通成本的新技术、新应用，符合公共利益所必需。同时认为涉案群控系统并没有直接侵入微信软件系统，是在手机操作系统里植入Xposed框架，通过手机系统的指令来操作微信的其他APP，跟普通手机操作微信功能没有任何区别，依据技术中立原则，属于合理使用范围，不构成不正当竞争，申请人的行为保全请求不具有事实基础和法律依据，本案不应颁发临时禁令。

【审判】

广东省深圳市中级人民法院组织当事人进行了听证，对案件证据事实进行了全面审查，听取了当事人各方的意见。

深圳中院经审查认为，涉案侠客群控智能营销系统实质是利用群控技术手段同时控制上百个微信号批量持续发送好友请求、批量拉人进入微信群、自动构筑虚假社交关系、批量发送营销信息等，使得微信的经营者丧失了本可吸引网络用户注意力而可能获得的广告收入等增值收益的机会和竞争优势，损害了微信产品的商誉，加大了微信服务器的运营负担，给微信平台经营者造成实际损害。同时，涉案侠客群控智能营销系统使群控微信账号自动与真实微信用户构筑虚假社交关系，对微信用户个人数据权利造成严重威胁，也严重损害了微信用户的自主选择权、知情权、隐私权等消费者权利。武汉骏网在本身并未承担涉案微信生态系统经营成本的情形下，采用群控技术获取用户信息、批量添加微信好友、多渠道批量营销等，实际上是依托微信平台巨量的微信用户资源，利用群控技术来争夺微信用户的注意力，从而增加其自身的市场交易机会并获取市场竞争优势。该行为本质上是不正当地利用申请人构建的微信生态系统的市场成果，抢占微信用户的注意力，获取自身商业利益，使中请人丧失了相应的市场成果，有违诚信原则和公认的商业道德而具有不正当性。司法救济程序需要一定时间才能作出最终的裁判结果，如果不及时对涉案不正当竞争行为采取保全措施，将会给申请人造成不可逆转的损害。涉案侠客群控智能营销系统并未优化微信软件用户的使用体验，不属于技术创新，本案采取行为保全措施不会损害社会公共利益。在申请人已经提供足够担保的情形下，深圳中院遂向武汉骏网发出临时禁令，裁定禁止武汉骏网宣传、推广、销售通过群控系统操作在微信平台发送大量营销类垃圾信息的侠客群控智能营销系统。

武汉骏网在收到裁定书之日起 5 日内未申请复议，该临时禁令已经生效。申请人和被申请人双方正在谈判协商具体赔偿金额，积极进行和解。

徐某某、田某某、刘某某等其他行政裁定书

浙江省杭州市余杭区人民法院
民事裁定书

（2019）浙 0110 行保 1 号

申请人：徐某某

被申请人：田某某

委托诉讼代理人：刘某某，聊城某法律服务所法律工作者。

被申请人：刘某某

委托诉讼代理人：刘某某，聊城某法律服务所法律工作者。

被申请人：山东世博文化传播有限公司，住所地：xxxxx。

法定代表人：王某某。

申请人徐某某于 2019 年 9 月 4 日向本院申请诉前行为保全，请求裁定：1、责令三被申请人立即停止针对申请人徐某某（淘宝会员名为：有名小黑店）在淘宝网（www. taobao. com）开设的“阿胶糕包装盒礼品盒”网店商品链接向浙江淘宝网络有限公司（以下简称淘宝公司）提起知识产权侵权投诉；2、上述行为的效力，维持到三被申请人与申请人就本争议判决生效时止；3、申请费由三被申请人承担。

申请人徐某某称：一、申请人与被申请人之间具有竞争关系。

申请人（淘宝会员名为：有名小黑店）在淘宝公司运营的淘宝网开设有“阿胶糕包装盒礼品盒”店铺，该店铺主要进行阿胶糕包装盒的销售。被申请人田某某（淘宝会员名为：阿胶吧）在淘宝网开设有“阿胶吧”店铺，店铺主要销售阿胶糕包装盒，与申请人具有竞争关系。

同时，根据申请人向淘宝公司申请调取的信息，三被申请人间具有极大的关联性。首先，被申请人田某某的淘宝会员账号“阿胶吧”与被申请人刘某某的淘宝会员账号“晴天晒心”的登陆 IP 地址与 UMID 地址一致，证明二账号是在同一台设备登陆操作投诉行为，被申请人田某某与被申请人刘某某

一定具有某种关联。其次，被申请人山东世博文化传播有限公司（以下简称山东世某公司）的投诉注册账号邮箱 dee×××@126.com 曾是被申请人田某某支付宝账号的绑定邮箱。申请人基于以上事实，有理由认为三被申请人是团伙性的恶意投诉行为，目的是帮助被申请人田某某的店铺清除竞争对手，占领市场份额。三被申请人均以造假的知识产权材料向淘宝公司对申请人店铺发起过多次恶意投诉。

二、被申请人发起投诉所依据的权属有大量造假行为，在阿里巴巴知识产权保护平台（以下简称阿里知产平台）针对申请人店铺发起的多次投诉均为恶意投诉。

（一）被申请人田某某（投诉账号为：lcj×××@163.com）自 2017 年 12 月起针对申请人店铺以著作权侵权为由发起多达 17 次恶意投诉，主张申请人店铺内商品链接内容侵犯了其著作权，导致申请人店铺内 8 条热销商品链接被删除。

经过调查取证及核对，申请人发现被申请人田某某投诉所依据的著作权权属及向阿里知产平台提交的权属材料有以下造假情形：

1. 被申请人田某某两次向阿里知产平台提交名称为“阿胶糕标签设计”（著作权登记号为鲁某字-2015-F-037588）的著作权，但两次所附的作品图片却不一致，且其中一次提交的作品图片与其提交的另一著作权“阿胶糕正标”（国作登字-2015-F-00237557）作品图片几乎完全一致。可见，被申请人田某某在阿里知产平台登记权属时就存在伪造作品登记证书的行为。

2. 被申请人田某某向阿里知产平台提交名称为“阿胶糕正标”（著作权登记号为国作登字-2015-F-00237557）的著作权，同时提交对应发表订单（订单号 927226834990740）截图。根据订单截图显示，该著作权作品的发表时间为 2014 年 1 月 7 日。但根据淘宝公司后台数据查询，该订单（订单号 927226834990740）真实的交易时间为 2015 年 1 月 7 日，被申请人田某某是将该发表订单的截图进行篡变涂改后再提交的，明显是伪造发表订单时间的行为。

3. 被申请人田某某向阿里知产平台提交名称为“阿胶糕盒子标签”（著作权登记号为国作登字-2016-F-00244536）的著作权，该著作权作品的图片却与被申请人山东世某公司在阿里知产平台提交的名称为“金标阿胶 1”（鲁某字-2014-F-006234）的著作权所附作品图片完全相同。经过向山东省版权局查询，著作权鲁某字-2014-F-006234的著作权人为山东东阿阿胶股份有限公司，著作权附图与被申请人山东世某公司提交的作品附图完全不一致。被申请人山东世某公司明显是将被申请人田某某的作品图片伪造成鲁某字-2014-F-006234的作品图片，并且伪造了山东东阿阿胶股份有限公司的授权进行的恶意登记及注册，而被申请人田某某将自己的著作权作品图片提供给被申请人山东世某公司在阿里知产平台进行注册并投诉，明显是一种共同故意的造假及恶意投诉行为，目的就在于打击同行的发展，提高自己的市场占有率。

（二）被申请人刘某某（投诉账号为fan×××@163.com）自2019年1月起针对申请人店铺以著作权侵权为由发起2次恶意投诉，导致申请人店铺内1条热销链接被删除。

经过调查取证及核对，申请人发现被申请人刘某某投诉所依据的著作权权属及向阿里知产平台提交的权属材料有以下造假情形：

被申请人刘某某向阿里知产平台提交名称为“阿胶糕黑盒设计”（著作权登记号为渝作登字-2016-F-00123853）的著作权。经过向重庆市版权局查询，渝作登字-2016-F-00123853著作权的名称实际为悠逸扣，著作权人为陕西邦诺装饰工程有限公司而非刘某某。著作权图片为人形漫画人物下附“悠逸扣YOUYIKOU”字样。与被申请人刘某某所提交的著作权名称、著作权人、作品图片完全不同，可见被申请人刘某某明显是故意造假再进行恶意投诉。

同时，被申请人刘某某提交的该著作权所对应的发表订单订单号为：77417425860529234。根据淘宝公司后台信息查询显示，该订单买家会员名为“山东聊城非凡品质”、卖家会员名为“哎取个名也难”、收货人为梁某（梁某系田某某之子）。卖家会员名“哎取个名也难”的实名认证信息为黄某，经向杭州市古荡派出所查询确认，被申请人刘某某出具的授权发表材料中黄某的身份证系伪造。可见，被申请人刘某某是利用被申请人田某某之子梁某的淘宝账号在黄某经营的店铺中购买了与伪造的著作权作品图片类似的商品，产生订单之后又伪造了卖家黄某的身份证及授权发表声明在阿里知产平台进行了虚假登记，并恶意发起投诉。

（三）被申请人山东世某公司（投诉账号为dee×××@126.com）自2017年12月起针对申请人店铺以著作权侵权为由发起4次恶意投诉，导致申请人店铺内3条热销链接被删除。

被申请人山东世某公司向阿里知产平台提交名称为“金标阿胶1”（著作

权登记号为鲁某字-2014-F-006234）的著作权。经过向山东省版权局查询，著作权鲁某字-2014-F-006234的著作权人为山东东阿阿胶股份有限公司，著作权附图与被申请人山东世某公司提交的作品附图完全不一致。被申请人山东世某公司明显是将被申请人田某某的作品图片伪造成鲁某字-2014-F-006234的作品图片，并且伪造了山东东阿阿胶股份有限公司的授权进行的恶意登记及注册。

综合以上情形，申请人有理由认为三被申请人在阿里知产平台上的权属登记存在大量造假行为，属于团伙性的恶意投诉行为。具有明显的主观恶意，且情节恶劣。

三、采取诉前行为保全的必要性。

即将到来的秋冬季节是传统的进补节气，将是阿胶大量销售的旺季，相应的，阿胶包装盒也进入了销售旺季。三被申请人被诉的不正当竞争行为对申请人的影响也主要体现在秋冬季节，若在诉前不及时采取行为保全措施，可能对涉案的商品销售造成严重影响，给申请人造成无法挽回的损失。

电商行业区别于传统销售行业，商品链接是消费者接触商品的唯一渠道。三被申请人的恶意投诉行为致使申请人店铺内的商品链接在投诉期间被删除或永久删除、店铺流量降低、销量出现断崖式下滑，给申请人造成重大经济损失。三被申请人肆意的恶意投诉行为导致申请人店铺内的热销产品链接因为恶意投诉被下架，既影响了商品的即时销量也使得店铺的消费者对申请人店铺商誉的不信任，客户与店铺的信任度迅速降低。客户群体大量流失。同时，申请人将不得不耗费大量的时间、精力、财力去应对三被申请人无端的恶意投诉，店铺经营将进入恶性循环。

综上，请求法院支持申请人的全部申请事项。

针对上述申请，申请人徐某某向本院提交了“阿胶糕包装盒礼品盒”店铺注册及经营者信息、“阿胶吧”、“飞飞家纯手工阿胶糕”店铺注册及经营信息、被申请人田某某、刘某某、山东世某公司在阿里知产平台的认证信息、提交注册的知识产权权属信息、向申请人发起的投诉、申诉材料、（2019）浙杭网证内字第1301号、（2019）浙杭网证内字第1424号公证书、山东省版权局、重庆市版权局及河北省版权保护中心查询材料等证据。同时，申请人徐某某向本院提供了由中国人民财产保险股份有限公司杭州市分公司出具的《诉讼保全责任保险保单保函》，该保险公司愿意对申请人徐某某的行为保全申请提供担保，承诺如申请人行为保全申请错误致使被申请人遭受实际损失，经法院判决由申请人承担的经济损害赔偿责任，由该保险公司承担连带保证责任负责赔偿，担保金额为人民币250000元。

本院经审查认为，本案涉及不正当竞争纠纷，本院作为纠纷所涉侵权行为实施地及侵权结果发生地法院，对本案具有管辖权。根据《最高人民法院关于审查知识产权纠纷行为保全案件适用法律若干问题的规定》第七条规定，人民法院审查行为保全申请，应当综合考量下列因素：（一）申请人的请求是否具有事实基础和法律依据，包括请求保护的知识产权效力是否稳定；（二）不采取行为保全措施是否会使申请人的合法权益受到难以弥补的损害或者造成案件裁决难以执行等损害；（三）不采取行为保全措施对申请人造成的损害是否超过采取行为保全措施对被申请人造成的损害；（四）采取行为保全措施是否损害社会公共利益；（五）其他应当考量的因素。

（一）申请人的请求是否具有事实基础和法律依据。

根据申请人徐某某提供的初步证据显示，申请人徐某某以会员名“有名小黑店”在淘宝网上开设淘宝店铺“阿胶糕包装盒礼品盒”销售阿胶糕包装盒产品，被申请人田某某以会员名“阿胶吧”开设淘宝店铺“阿胶吧”同样销售阿胶糕包装盒产品，二者具有同业竞争关系。

被申请人田某某通过阿里知产平台针对申请人徐某某的淘宝店铺以著作权侵权为由发起十七次投诉，其使用的著作权分别为作品登记号“国作登字-2015-F-00237557”（作品名称：阿胶糕正标）、“国作登字-2016-F-00244536”（作品名称：阿胶糕盒子标签）、“鲁某字-2015-F-037588”（作品名称：阿胶糕标签设计）的美术作品，其中“阿胶糕正标”和“阿胶糕盒子标签”在阿里知产平台先后注册登记三次，提交的作品图片均存在先后不一致的情形，而且“阿胶糕正标”所附的部分公开发表订单创建时间与淘宝公司后台数据显示的订单真实创建时间不一致，涉嫌伪造作品公开发表时间的情形；“阿胶糕标签设计”在阿里知产平台先后注册登记四次，提交的作品图片却存在三个不同版本。此外，被申请人田某某向阿里知产平台提交的另一作品登记号为“鲁某字-2018-F-038583”的著作权，经向山东省版权局查询，并未查询到该作品的登记信息。被申请人田某某涉嫌使用伪造的权属信息向阿里知产平台登记投诉的情形。

被申请人刘某某通过阿里知产平台针对申请人的淘宝店铺以著作权侵权

为由发起二次投诉，提交了作品登记号为“渝作登字－2016－F－00123853”（作品名称：阿胶糕黑盒设计）的美术作品登记证书、作品公开发表订单链接卖家声明函及身份证照片等材料，但是根据重庆市版权局查询材料及淘宝公司后台数据显示，被申请人刘某某提交的作品登记证书记载的作品名称、作者、著作权人、首次发表时间、作品图片与版权局登记备案的均不一致，作品对应发表订单链接卖家身份证信息与实际卖家信息不一致，系使用案外人身份信息变造所得。此外，被申请人刘某某向阿里知产平台提交的作品登记号为“鲁某字－2015－F－037788”的著作权，经向山东省版权局查询，也未查询到该作品的登记信息；刘某某在阿里知产平台登记的另外三个著作权也均存在著作权人、作品图片、作品首次发表日期、销售订单日期等信息与版权局或淘宝公司后台数据显示不一致的情形。

被申请人山东世某公司通过阿里知产平台针对申请人的淘宝店铺以著作权侵权为由发起四次投诉，提交了作品登记号为“鲁某字－2014－F－006234”（作品名称：金标阿胶1、作者及著作权人：山东东阿阿胶股份有限公司）的美术作品登记证书、山东东阿阿胶股份有限公司的授权声明、知识产权侵权投诉授权委托证明、被申请人田某某的发表日期授权及身份证照片等材料。但是根据山东省版权局查询材料显示，山东世某公司提交的作品登记证书记载的作品图片、作者、首次发表时间、首次出版/制作日期与版权局登记备案的均不一致。

另外，根据申请人提交的材料显示，被申请人刘某某淘宝账号登录的IP地址及UMID地址与被申请人田某某一致，其投诉时提交的发表订单买家与被申请人田某某投诉时使用的保全公证书中田某某的委托代理人一致，投诉时提交的声明函记载其著作权唯一授权“聊城市东昌府区仁和堂食品批发商行”一家使用，该个体工商户业主为田某某；被申请人山东世某公司投诉注册账号邮箱曾系被申请人田某某支付宝账号绑定邮箱，其投诉时提交的发表日期授权系田某某出具。证明被申请人刘某某、山东世某公司与被申请人田某某之间存在关联关系，三被申请人使用部分变造、伪造的权属证明、发表证明、授权证明等材料分别多次针对申请人徐某某的淘宝店铺进行著作权侵权投诉，致使申请人的部分商品链接被淘宝公司下架删除，从而达到清除竞争对手、取得竞争优势、抢占市场份额的目的，涉嫌共同构成不正当竞争。故申请人请求对三被申请人采取诉前行为保全措施具有相应的事实基础和法律依据。

（二）不采取行为保全措施是否会使申请人的合法权益受到难以弥补的损害。

本院认为，不采取保全措施会对申请人造成难以弥补的损害，理由如下：1. 涉案店铺销售的商品具有时令性。如前所述，申请人徐某某开设的淘宝店铺主要销售阿胶糕包装盒，而即将到来的秋冬季节正是阿胶糕的销售旺季，伴随着阿胶糕的大量销售，阿胶糕包装盒的需求也将大幅提升。秋冬季节历经的国庆、元旦、春节以及电商平台实行大促的“双十一”、“双十二”也是商品销售的旺季。如果不采取保全措施，会影响申请人的正常销售，造成申请人的销售损失。2. 销售链接被删除导致的损失不可逆。网络销售不同于线下销售，商品链接的排名直接影响其交易成功的概率，一款热销商品链接的产生往往是商家耗费大量时间、精力不断积累销售数量、累计评价、销售好评，甚至参与营销活动后积累取得，而一旦商品链接因涉嫌侵权被下架删除后，即使之后发现系权利人恶意投诉所致，链接再被恢复时该链接排名、引流能力将不复从前。3. 侵权处罚影响全店销量。根据淘宝公司制定的规则，一旦侵权投诉成立，除删除链接外，往往还触发店铺扣分、临时监管、限制发布商品或参加活动等处罚措施，这将对整个店铺的流量引入、营销活动产生影响，从而影响整个店铺的销量。综上，如果不采取保全措施，会使申请人因三被申请人的“恶意”投诉行为造成店铺销量减少、竞争能力削弱、市场份额降低等难以弥补的损害。

（三）不采取行为保全措施对申请人造成的损害是否超过采取行为保全措施对被申请人造成的损害。

虽然阿里知产平台设有投诉申诉机制，但是鉴于伪造著作权登记权属或变造订单成交时间等行为具有隐蔽性，不通过向版权局或者淘宝公司申请调查的方式无法知悉，申请人因不知晓权属有误或无法及时取得有效证据从而导致申诉失败、链接被删的风险客观存在。而如前所述，申诉失败会导致链接被删、触发处罚，从而造成申请人错失销售旺季、销量减少、影响排名等难以弥补的损害。相反，三被申请人因行为保全被限制投诉产生的后果主要是，在行为保全期间内，三被申请人将无法通过阿里知产平台针对申请人的淘宝网店进行投诉及时制止真实的侵权行为，但这并不影响其通过诉讼方式起诉要求申请人停止侵权，其未能及时制止侵权导致的损失也可以通过侵权商品链接在此期间的销量被具体量化。此外，本院已经责令申请人提供了相应担保，为三被申请人因申请人诉前行为保全错误可能带来的损害提供相应保障。因此，不采取行为保全措施对申请人造成的损害明显超过采取行为保全措施对三被申请人造成的损害。

（四）采取行为保全措施是否损害社会公共利益。

三被申请人针对申请人的投诉主要是基于申请人淘宝店铺内销售的阿胶糕包装盒上印制的图案侵犯了其著作权，未有证据显示申请人销售的商品存在产品质量问题等可能损害社会公共利益的情形。

（五）其他应当考量的因素。

根据《最高人民法院关于审查知识产权纠纷行为保全案件适用法律若干问题的规定》第十三条规定，人民法院裁定采取行为保全措施的，应当根据申请人的请求或者案件具体情况等因素合理确定保全措施的期限。考虑到双方当事人之间的不正当竞争纠纷审理期限可能较长，为平衡双方利益，参考涉案商品销售旺季，本院确定本案行为保全措施截止时间为2020年2月底。

综上，申请人徐某某申请对三被申请人采取行为保全措施，符合法律规定，本院予以支持，其申请的保全期限应以合理为限，本院予以调整。据此，依照《中华人民共和国民事诉讼法》第一百零一条、第一百零二条、第一百五十四条第一款第（四）项、《最高人民法院关于适用〈中华人民共和国民事诉讼法〉的解释》第一百七十一条、《最高人民法院关于审查知识产权纠纷行为保全案件适用法律若干问题的规定》第七条、第十条、第十一条、第十三条之规定，裁定如下：

一、被申请人田某某、刘某某、山东世博文化传播有限公司立即停止针对申请人徐某某在淘宝网上以会员名“有名小黑店”开设的淘宝店铺内的商品链接向浙江淘宝网络有限公司提起知识产权侵权投诉的行为，保全期限至2020年2月29日止；

二、驳回申请人徐某某的其他保全申请。

案件申请费30元，由申请人徐某某负担。

本裁定立即开始执行。

如不服本裁定，可以自收到裁定书之日起五日内向本院申请复议一次。复议期间不停止裁定的执行。

申请人在人民法院采取保全措施后三十日内不依法提起诉讼或者申请仲

裁的，本院将依法解除保全。

审　判　长　成文娟
审　判　员　沈宇珍
审　判　员　王淑贤
二〇一九年九月十六日
书　记　员　洑婵娟

康文森无线许可有限公司、华为技术有限公司确认不侵害专利权纠纷二审民事裁定书

中华人民共和国最高人民法院

民事裁定书

（2019）最高法知民终732、733、734号之二

复议申请人：康文森无线许可有限公司（Conversant Wireless Licensing S. àr. l.）。住所地：卢森堡大公国卢森堡市让简英格灵路12号。

授权代表：尼古拉斯·普罗某某某，该公司管理人。

被申请人：华为技术有限公司。住所地：中华人民共和国广东省深圳市龙岗区坂田华为总部办公楼。

法定代表人：赵明路，该公司经理。

委托诉讼代理人（732号案）：王某，男，该公司工作人员。

委托诉讼代理人（733号案）：巫某某，女，该公司工作人员。

上诉人康文森无线许可有限公司（以下简称康文森公司）与被上诉人华为技术有限公司（以下简称华为技术公司）、华为终端有限公司（以下简称华为终端公司）、华为软件技术有限公司（以下简称华为软件公司）确认不侵害专利权及标准必要专利许可纠纷三案，本院于2020年8月28日作出（2019）最高法知民终732、733、734号之一行为保全民事裁定（以下简称原裁定）。康文森公司不服，于2020年9月2日向本院提出复议申请。2020年9月4日，本院就复议申请举行听证，康文森公司的委托诉讼代理人彭某、王某，华为技术公司的委托诉讼代理人赵某、王某、巫某某，华为终端公司的委托诉讼代理人陈果到庭参加听证。本三案现已复议审查终结。

康文森公司复议申请称：

（一）原裁定对康文森公司基于德国法所享有的申请执行德国杜塞尔多夫地区法院（以下简称德国法院）就康文森公司诉华为技术公司、华为技术德

国有限公司、华为技术杜塞尔多夫有限公司（以下合称华为技术公司及其德国关联公司）侵害标准必要专利权纠纷案件（以下简称德国诉讼）作出的停止侵权判决（以下简称德国判决）的权利进行限制，不仅违反中国法律关于司法裁决效力应限于本国的司法原则，亦构成对德国法律的违反。原裁定如不撤销，将危及国际司法秩序，造成世界上任何国家法院根据本国专利法所作出的侵权判决均可能在本国无法得到执行的后果。

（二）原裁定不应当限制康文森公司向德国法院申请执行判决的合法权利。中国法院对德国专利侵权案件没有管辖权，对于向德国法院申请执行判决相关问题也没有管辖权。德国法院已经确定华为技术公司及其德国关联公司的行为构成侵权并判决其停止侵权，康文森公司申请执行德国判决的请求基于德国诉讼及欧洲专利德国部分，德国法院具有排他管辖权，中国法院没有管辖权。执行德国判决也是德国诉讼的一个重要部分，中国法院也没有管辖权。因此，行为保全不应限制康文森公司合法权益。

（三）康文森公司向德国法院申请执行德国判决不会造成本三案的判决难以执行。第一，本三案为确权纠纷，即使法院在本三案中判决确定了许可费率，也不因判决产生给付义务，故不存在可执行内容。第二，本三案诉讼与德国诉讼审理内容不重叠。德国判决并非关于标准必要专利许可的判决，并未对双方的公平、合理、无歧视（FRAND）许可条件作出明确认定，只是一个常规的专利侵权判决。因此，德国法院受理的案件与本三案之间没有冲突，德国判决的执行对本三案审理及后续判决不会产生实质性影响。第三，原裁定与最高人民法院于 2020 年 8 月 21 日作出的（2019）最高法知民辖终 157 号管辖权异议裁定（以下简称第 157 号管辖权异议裁定）中的观点存在冲突。

（四）康文森公司向德国法院申请执行德国判决不会对华为技术公司的合法权益造成难以弥补的损害。第一，华为技术公司承担德国判决的法律后果属于法律上的义务，并非其所遭受的损失。第二，没有证据证明存在华为技术公司所称的“难以弥补的损害”。第三，康文森公司提供 240 万欧元担保后申请执行德国判决可以弥补华为技术公司可能受到的损失。最后，即使康文森公司因为原裁定的作出不申请执行德国判决，甚至本三案终审判决后续作出，德国法院也不会考虑中国判决认定的许可费率，德国诉讼不会受中国诉讼的影响。因此，原裁定的作出无法避免华为技术公司所声称的“难以弥补的损害”。

（五）原裁定没有合理地平衡康文森公司与华为技术公司的利益。第一，原裁定未充分考量康文森公司利益。第二，华为技术公司可以通过支付许可费的方式避免其声称的退出德国市场等损害后果，该利益实质上是经济利益。第三，原裁定混淆了华为技术公司在本三案中应受保护的法律利益与其最大商业利益，超越了中国法律所确定的可保护利益范围。

（六）原裁定采取“按日计罚”方式处以罚款，违反了《中华人民共和国民事诉讼法》（以下简称民事诉讼法）第一百一十五条的规定。

（七）原裁定违反了民事诉讼法第一百零四条的规定。康文森公司在德国法院申请临时执行需要交纳保证金，根据民事诉讼法第一百零四条的规定本三案应当解除保全措施。

综上，康文森公司请求撤销原裁定。

华为技术公司答辩称：

（一）原裁定符合国际司法原则及惯例，并不影响德国法院对德国诉讼的管辖权。第一，原裁定既未评价德国法院的判决内容的合法性，也未干涉德国法院的实体审理，其针对的对象是康文森公司的行为。第二，裁定符合国际通行的司法惯例，且符合相关案件的构成要件，不存在影响国际司法秩序的可能性。第三，原裁定已充分考虑了国际礼让因素，对域外法院的影响在适度范围内。第四，从康文森公司的过往诉讼情况可知，其不认为禁诉令会影响他国司法管辖或者危及国际司法秩序。康文森公司在其他案件中申请过类似禁令，显然没有考虑相关禁令对于中国司法管辖以及国际司法秩序的危害和破坏。

（二）原裁定正确且适当地限制了康文森公司申请执行德国禁令的权利。本三案中，康文森公司如果申请德国法院执行相关判决，将导致本三案判决难以执行，进而导致华为技术公司依据中国法院获得裁判的权利受到严重损害。原裁定暂时限制康文森公司相关权利的行使显然正当且必要。

（三）原裁定关于申请执行德国判决将会导致本三案难以执行的认定正确。第一，康文森公司关于本三案判决不具有可执行内容的观点是错误的，本三案涉及确定中国标准必要专利的许可条件及许可费率，具有确定的可执行性。第二，本三案与德国诉讼的审理对象存在重合之处。德国判决虽然是侵权判决，但是评价了涉案双方的谈判行为，以及康文森公司的报价是否符合公平、合理、无歧视（FRAND）原则。如果德国判决得以执行，则华为技术公司不得不接受康文森公司提出的要价，这将使得本三案的判决难以执行。第三，第 157 号管辖权异议裁定仅明确了域内法院不因域外法院重叠性的诉讼而丧失管辖权，显然无法得出域外重叠性的诉讼对于域内不会产生不当影响的结论。康文森公司显然曲解了前述裁定。

（四）原裁定充分考虑了华为技术公司与康文森公司的相关利益权衡。第一，如不采取行为保全措施，华为技术公司的合法诉权将受到难以弥补的损害。华为技术公司的手机和平板电脑几乎全部在中国生产，根据国际数据公司（IDC）统计，2019 年华为全球销售中，中国销售占比 64.23%，而德国销售占比仅仅是 2.39%。华为技术公司理应有请求中国法院裁判中国标准必要专利许可费率的权利。对于前述诉权的剥夺是对华为技术公司极为严重的伤害。第二，如不采取行为保全措施，将不成比例地损害华为技术公司的合法权利。专利许可费仅占产品成本的一小部分。如果德国判决得以执行，华为技术公司将不得不被迫从德国市场退出，其损失数十倍甚至数百倍于德国诉讼所涉欧洲专利的许可费，该损失显然是任何理性商业主体都难以接受的。第三，原裁定不会对康文森公司造成损害。原裁定并不是使康文森公司永远无法执行禁令，只是暂缓执行。中国法院会在实体审理程序中确认康文森公司在中国应当获取的标准必要专利对价，其合法权益可以依法得到保障。

（五）原裁定符合民事诉讼法等相关法律法规、司法解释的规定。第一，本三案涉及专利侵权以及相关公平、合理、无歧视（FRAND）义务遵循情况的确认与裁判，并非财产纠纷，并且康文森公司在德国法院是否提供担保与本三案无关，原裁定确定的行为保全措施不应解除。第二，本三案行为保全确定的是禁止行为人为特定行为，为行为人设定了禁止义务。行为人若持续多日违反禁止义务显然系多次对于禁止义务的违反。

综上，华为技术公司主张康文森公司的复议申请理由不能成立，请求对其复议申请予以驳回。

本院经审查认为，根据康文森公司的复议请求及华为技术公司的答辩意见，本三案复议程序有如下六个争议焦点：一是原裁定对德国法院裁判的影响是否超出了适度范围；二是康文森公司若申请临时执行德国法院一审判决对本三案审理的影响；三是若不作出原裁定，华为技术公司是否可能面临难以弥补的损害；四是原裁定对双方利益的权衡是否失衡；五是本三案是否符合民事诉讼法第一百零四条规定的解除保全条件；六是原裁定对违反裁定行为采取按日计罚方式处以罚款是否违反法律规定。对此，本院分析如下：

（一）原裁定对德国法院裁判的影响是否超出了适度范围

康文森公司复议主张，原裁定限制了康文森公司基于德国法律所享有的权利，违反了中国法律关于司法裁决效力应限于本国的司法原则，亦构成对德国法律的违反，中国法院对德国诉讼审理及执行没有管辖权；原裁定危及国际司法秩序，致使他国法院判决无法得到执行。对此，本院认为：

第一，原裁定系依据中国法作出，本三案并不受德国法的约束，更不可能违反德国法。本三案审理中，华为技术公司向本院提起行为保全申请，应当适用我国民事诉讼法第一百条之规定予以审查，德国法律对于本三案没有约束力。一国法院依据本国法律行使审判权是司法主权的应有之义。康文森公司主张原裁定构成对德国法律的违反，明显缺乏事实和法律依据。

第二，原裁定亦不存在对德国诉讼行使管辖权的情形。对于在我国领域内发生的民事纠纷案件，我国法院具有司法管辖权。原裁定系在本三案审理中基于当事人申请及我国法律相关规定作出，是本院行使中国司法管辖权的结果。原裁定限制康文森公司在本院就本三案作出终审判决前申请临时执行德国法院一审判决，既未涉及德国诉讼所涉欧洲专利的侵权认定，又未对德国判决或者执行作出任何评价，更未干涉德国诉讼实体审理及裁判效力。康文森公司将原裁定理解为中国法院对德国诉讼及判决的申请执行行使管辖权，系对管辖权以及原裁定内容的曲解。因此，康文森公司的该项主张不能成立。

第三，原裁定遵循国际礼让原则，符合国际司法惯例。原裁定作出时充分考虑了国际礼让因素，符合国际司法惯例。特别是，原裁定考虑了其可能对德国诉讼产生的影响。本三案受理时间较德国法院在先，原裁定仅仅是暂缓康文森公司申请执行德国法院一审判决，既不影响德国诉讼的后续推进，也不会减损德国判决的法律效力。康文森公司的相应主张，实质上是将暂缓申请执行德国法院一审判决等同于否定德国判决的效力，将原裁定对其个体权益的限制等同于对德国判决及其效力的限制，是错误的。

第四，康文森公司的主张与其既往行为存在一定矛盾。本院注意到，康文森公司在全球开展的诉讼活动中，曾经主动向域外法院提出申请，要求域外法院颁发禁诉令，禁止特定当事人在中国法院提起关联诉讼。康文森公司的上述既往行为似乎没有认为该禁诉令对中国法院司法管辖权及国际诉讼秩序有不利影响。康文森公司关于原裁定作出对德国法院裁判影响超出了适度范围的主张以及其陈述的具体理由，与其既往行为难以自洽。

因此，原裁定对德国诉讼审理和判决的影响并未超出适度范围。康文森公司的上述复议主张均难以成立，本院不予支持。

（二）康文森公司若申请临时执行德国法院一审判决对本三案审理的影响

康文森公司复议主张，申请临时执行德国判决对本三案终审判决不会造成影响，本三案为确认之诉，终审判决将不包含可执行的内容，无法满足使判决难以执行的行为保全措施适用条件；本三案诉讼与德国诉讼审理内容不重合；原裁定与第 157 号管辖权异议裁定存在冲突，根据第 157 号管辖权异议裁定内容，德国诉讼即便与本三案在审理对象上存在部分重合，也不会对本三案产生实质消极影响。对此，本院认为：

第一，本三案终审判决具有执行力。首先，在审查行为保全申请时，对于是否可能因当事人一方的行为造成案件判决难以执行等损害这一要件，应当结合行为保全的特点予以理解。行为保全具有保全性和应急性，其目的是确保将来的判决能够获得执行、申请人依据判决确定的权益能够最终得以实现。因此，在行为保全的语境下，考察当事人一方的行为是否会造成案件判决难以执行时，聚焦的核心是，如果不采取保全措施，一旦当事人实施该行为，能否确保判决对当事人发生拘束力和执行力，申请人依据判决确定的权益能否最终得以实现。至于判决内容本身是否适合直接强制执行，并非判断当事人的行为是否可能造成案件判决难以执行时需要考虑的内容。康文森公司关于本三案终审判决不具有执行力的主张，错误将判决的执行力混同于判决内容是否适合强制执行。其次，本三案终审判决将确定涉案标准必要专利许可费率，该费率对双方均具有约束力，亦具有可执行内容。标准必要专利许可纠纷的核心是诉请法院确定特定许可条件或者内容，促使双方最终达成或者履行许可协议。在本三案判决作出后，各方当事人均有义务遵守判决确定的许可费率标准，非经对方当事人同意，标准必要专利权利人不得要求高于判决确定的许可费率，专利实施者不得支付低于判决确定的许可费率。这是本三案终审判决约束力和执行力的重要表现。最后，如康文森公司申请临时执行德国法院一审判决，华为技术公司可能迫于退出德国市场等严重后果，不得不与康文森公司达成和解，接受远高于本三案一审判决确定的许可费率，导致本院的后续审理和裁判确定的许可费率无法得到遵守，失去意义。

第二，本三案与德国诉讼审理对象存在部分重合。本三案中华为技术公司及其中国关联公司请求就康文森公司的中国标准必要专利确定许可费率。在德国诉讼中，康文森公司主张华为技术公司及其德国关联公司侵害康文森公司的标准必要专利权，请求德国法院判令华为技术公司及其德国关联公司停止侵权。德国法院作出的停止侵权判决以标准必要专利权利人康文森公司在与华为技术公司等协商过程中提出的许可费要约符合公平、合理、无歧视（FRAND）原则为前提。在本三案听证程序中，康文森公司亦认可德国判决评述并认定了该公司提出的包括中国地区在内的许可费要约未违反公平、合理、无歧视（FRAND）原则。因此，原裁定认定本三案与德国诉讼审理对象存在部分重合并无不当。

第三，原裁定与第157号管辖权异议裁定并不存在冲突。首先，第157号管辖权异议裁定与原裁定的性质不同，二者所要解决的争议焦点区别明显。第157号管辖权异议裁定中双方争议焦点在于中国法院是否对该案具有管辖权，而本三案原裁定为禁止特定当事人为一定行为的行为保全裁定，两者处理的是截然不同的法律问题。其次，从第157号管辖权异议裁定中无法得出康文森公司所主张的结论。在第157号管辖权异议裁定中，本院以存在适当联系为管辖标准，认为国外正在进行的平行诉讼不影响中国法院对案件的管辖权，仅就中国法院对该案是否具有管辖权进行评述，并未涉及实体法律问题，更未涉及国际平行诉讼审理对象存在部分重合时是否会对他国诉讼造成实质消极影响的问题。

因此，康文森公司的上述复议主张均难以成立，本院不予支持。

（三）若不作出原裁定，华为技术公司是否可能面临难以弥补的损害

康文森公司复议主张，德国法院判决华为技术公司承担的法律后果属于法律义务，并不构成其损失；没有证据证明存在华为技术公司所称的“难以弥补的损害”；其提供240万欧元担保后申请执行德国判决，足以弥补华为技术公司损失；即使康文森公司在本三案终审判决作出之前不申请执行德国判决，因德国法院不会考虑中国判决认定的专利许可费率，德国诉讼不受中国诉讼的影响，原裁定的作出不能避免华为技术公司所称的“难以弥补的损害”。对此，本院认为：

第一，执行德国判决可能会使华为技术公司遭受难以弥补的损害。首先，在本三案行为保全申请审查中，应该关注的是，在德国法院一审判决作出和本院正在对本三案进行审理的特定时间段内，如果康文森公司申请临时执行

德国法院一审判决，可能会给华为技术公司造成的损害。在此时间段内，一旦德国法院一审判决得以执行，则华为技术公司将仅余两种选择：要么被迫退出德国市场，要么被迫接受康文森公司要价并与之达成和解。前一情形下，其将承受相关市场损失和商业机会损失；后一情形下，其将被迫接受康文森公司的超高专利许可费要价，甚至放弃本三案司法救济机会。故此，华为技术公司因康文森公司申请临时执行德国法院一审判决所可能遭受的损害既包括有形的物质损害，又包括商业机会和市场利益等无形损害；既包括经济利益损害，又包括诉讼利益损害；既包括在德利益损害，又包括在华利益损害。其次，由上可知，华为技术公司因康文森公司申请临时执行德国法院一审判决所可能遭受损害的范围超出了德国法院一审判决的范围，与其根据德国法院一审判决应当承担的法律责任并无直接关联性。况且，德国法院一审判决所确定的华为技术公司的法律责任仅仅是一种可能性，该法律责任在当前承担与否取决于康文森公司是否申请临时执行。

第二，原裁定认定华为技术公司可能遭受难以弥补的损害具有证据支持。根据《最高人民法院关于民事诉讼证据的若干规定》第八十六条第二款之规定，与诉讼保全、回避等程序事项有关的事实，人民法院结合当事人的说明及相关证据，认为有关事实存在的可能性较大的，可以认定该事实存在。华为技术公司申请的行为保全属于诉讼保全范畴，有关事实认定适用优势证据证明标准，而非高度盖然性标准。华为技术公司提供了德国法院一审判决，就临时执行德国法院一审判决可能使其遭受前述难以弥补的损害作出了合理说明，该说明符合一般商业逻辑和既有商业实践，可以初步证明其所称的难以弥补的损害。

第三，康文森公司提供240万欧元担保并不足以弥补华为技术公司可能遭受的损害。首先，前已述及，华为技术公司因康文森公司在当前特定时刻申请临时执行德国法院一审判决所可能遭受的损害包括有形损害和无形损害、经济利益损害和诉讼利益损害、在德利益损害和在华利益损害，其超出了德国判决的范围，与其根据德国判决应当承担的法律责任并无直接关联。其次，即便德国判决认定240万欧元担保足以弥补华为技术公司在德国所可能遭受的损害，亦无法弥补华为技术公司在华诉讼利益的损害。华为技术公司基于本三案寻求确定康文森公司中国标准必要专利许可费率的司法救济，构成其在华诉讼利益。如德国法院一审判决得以临时执行，华为技术公司可能为保留德国市场而被迫接受上述超高要价并与康文森公司达成和解，则其势必将放弃在华司法救济，其诉讼利益将遭受重大损失，本三案的审理亦将难以推进。

第四，德国法院是否考虑中国判决认定的专利许可费率并受中国诉讼影响，与原裁定缺乏关联性。首先，原裁定的意旨在于，根据华为技术公司的申请，暂缓康文森公司申请德国判决的执行，维护本三案的审理秩序和裁决执行，并非影响德国诉讼或者德国判决。德国法院如何看待本三案判决，以及德国诉讼是否受到中国诉讼影响，并非作出原裁定的考虑因素。其次，原裁定法律效力的实现，不取决于其是否得到德国法院的承认与执行，而取决于康文森公司是否遵守原裁定确定的法律义务。最后，原裁定所指向的难以弥补的损害，是康文森公司在本三案终审判决作出之前申请临时执行德国法院一审判决所带来的损害，而非其他。原裁定系针对康文森公司作出，只要康文森公司遵守原裁定确定的法律义务，不得在本三案终审判决作出之前申请临时执行德国法院一审判决，该损害即可以避免。

因此，康文森公司的上述复议主张缺乏事实和法律依据，本院不予支持。

（四）原裁定对双方利益的权衡是否失衡

康文森公司复议主张，原裁定未充分考量和保护其利益；超出华为技术公司诉讼请求范围保护其利益，属于法律适用错误；原裁定混淆华为技术公司应受保护的法律利益与其最大商业利益，超越中国法律确定的可保护利益范围，将其无限扩张为华为技术公司的最大商业利益。对此，本院认为：

第一，行为保全裁定中对于当事人利益的考量以利益受损比较为基本方法，即比较不采取行为保全措施对申请人造成的损害和采取行为保全措施对被申请人造成的损害，两害相权取其轻。本三案中，如前所述，不采取行为保全措施情形下，华为技术公司将遭受难以弥补的损害，包括有形损害和无形损害、经济利益损害和诉讼利益损害、在德利益损害和在华利益损害。本三案听证过程中，康文森公司认可其德国诉讼的核心利益是经济利益，具体而言是德国诉讼所涉标准必要专利的许可使用费。比较华为技术公司的受损利益和康文森公司德国诉讼的核心利益，原裁定认定不采取行为保全措施对华为技术公司造成的损害超过采取行为保全措施对康文森公司造成的损害，并无不当。原裁定综合考虑上述利益衡量的情况，在华为技术公司提供了与康文森公司德国诉讼中专利侵权损害赔偿请求数额相当的担保的前提下，仅限期暂缓康文森公司申请临时执行德国法院一审判决，已经充分考虑了康文森公司的利益。

第二，原裁定的利益衡量范围与华为技术公司的诉讼请求范围并无直接关联。行为保全裁定不同于案件实体判决。行为保全的申请人不限于原告，应予考虑的受损利益也不限于原告诉讼请求。审查行为保全申请时，利益衡量的范围和限度取决于作为行为保全申请对象的行为对申请人和被申请人的影响范围和程度。本三案中，康文森公司申请临时执行德国法院一审判决是行为保全申请的对象，该行为给华为技术公司造成的利益影响均可纳入考量范围。原裁定的利益衡量范围并无不当。

第三，原裁定并未考虑最大化华为技术公司的商业利益。首先，原裁定系基于华为技术公司的申请，依据民事诉讼法关于行为保全的规定作出。作出原裁定所考虑的是，华为技术公司因康文森公司在当前特定时刻申请临时执行德国法院一审判决所可能遭受的损害，而非最大化华为技术公司的商业利益。康文森公司所谓原裁定混淆华为技术公司应受保护的法律利益与其最大商业利益等主张，是对原裁定的曲解。其次，除华为技术公司因康文森公司在当前特定时刻申请临时执行德国法院一审判决所可能遭受的损害外，原裁定更关注的是，康文森公司在当前特定时刻申请临时执行德国法院一审判决可能对本三案审理和执行造成的干扰和妨碍。此外，原裁定还考虑了康文森公司的利益、国际礼让等因素。

因此，康文森公司的上述复议主张缺乏事实和法律依据，本院不予支持。

（五）本三案是否符合民事诉讼法第一百零四条规定的解除保全条件

康文森公司复议主张，因其申请执行德国判决需要提供担保，故其符合民事诉讼法第一百零四条关于“财产纠纷案件，被申请人提供担保的，人民法院应当裁定解除”之规定，本三案有关行为保全措施应当解除。对此，本院认为：

第一，康文森公司向德国法院提供担保不属于民事诉讼法第一百零四条规定的情形，不构成解除原裁定行为保全措施的充分条件。相反，一旦康文森公司向德国法院提供担保申请执行德国判决，将构成对原裁定的违反，应当受到相应处罚。

第二，《最高人民法院关于审查知识产权纠纷行为保全案件适用法律若干问题的规定》第十二条规定，人民法院采取的行为保全措施，一般不因被申请人提供担保而解除，但是申请人同意的除外。据此，即便康文森公司向本院提供相应担保，原裁定所采取的行为保全措施亦不能当然解除。

因此，康文森公司关于有关行为保全措施应予解除的主张缺乏依据，本院不予支持。

（六）原裁定对违反裁定行为采取按日计罚方式处以罚款是否违反法律规定

为确保裁定中的行为保全措施得到有效执行，原裁定明确了康文森公司拒不执行的法律后果："自违反之日起，处每日罚款人民币100万元，按日累计"。康文森公司主张按日计罚处罚方式不符合法律规定。对此，本院认为：

第一，按日计罚处罚方式符合法律规定。民事诉讼法第一百一十五条规定："对单位的罚款金额，为人民币五万元以上一百万元以下。"禁止被申请人为一定行为的行为保全措施具有特殊性，其核心是针对被申请人未来的行为，要求其不得为一定行为，不得违法改变现有状态。倘若被申请人拒不遵守法院裁定确定的义务，改变现有状态，则属于积极、故意违法行为。被申请人此种故意违法行为系持续性地违反裁定和改变现状，该行为与一次性的、已经实施完毕的违法行为具有明显区别，应视为被申请人每日均实施了单独的违法行为。对于该种每日持续发生的妨害民事诉讼的行为，应当以按日计罚的方式确定处罚。

第二，按日计罚处罚方式与本三案违反行为保全措施可能产生的后果相适应。妨害民事诉讼强制措施的强度需要与妨害民事诉讼行为可能产生的后果相适应。本三案中，康文森公司若故意违反原裁定，申请临时执行德国法院一审判决，不仅可能使华为技术公司德国市场利益受到严重损害，还可能致使其被迫放弃在中国法院寻求司法救济的机会，而且也将使得本三案判决难以执行甚至失去意义。相反，一旦康文森公司申请临时执行德国法院一审判决，则可能在双方后续的许可费谈判中获得显著优势地位，并基于该优势地位获得巨额利益。因此，对于康文森公司可能的故意违反原裁定所确定的义务的行为，采取按日计罚方式，既与该违法行为的恶性程度和损害后果相适应，也为维护原裁定的法律效力所必需。

因此，原裁定对违反裁定行为采取按日计罚方式处以罚款符合法律规定，并无不当。康文森公司的上述复议主张难以成立，本院不予支持。

本院特别指出，华为技术公司与康文森公司因标准必要专利许可纠纷在全球展开诉讼，相关国际平行诉讼的存在使得不同法域的法院在审理中面临复杂的情形。本院尊重双方当事人的诉讼权益以及基于商业考量的处分权，但原裁定作为生效裁定所确定的行为保全措施，理应得到各方当事人的尊重与执行。双方应当正确理解并完全履行原裁定确定的行为保全措施，不得以任何方式否定、规避或妨碍原裁定的执行，特别是不得向德国法院申请禁令，对抗原裁定的执行。本院将结合当事人的具体行为以及对原裁定行为保全措施可能带来的影响判断是否构成对原裁定的违反。构成对原裁定违反的，将依法予以制裁，对主要负责人或者直接责任人员予以罚款、拘留；构成犯罪的，依法追究刑事责任。

综上，原裁定认定事实清楚，适用法律正确，本院予以维持。康文森公司的复议请求缺乏事实和法律依据，本院不予支持。依照《中华人民共和国民事诉讼法》第一百零八条，《最高人民法院关于适用〈中华人民共和国民事诉讼法〉的解释》第一百七十一条之规定，裁定如下：

驳回康文森无线许可有限公司的复议请求。

本裁定立即开始执行。

审 判 长 王 闯
审 判 员 周 翔
审 判 员 朱 理
审 判 员 焦 彦
审 判 员 徐卓斌
二〇二〇年九月十一日
法官助理 廖继博
法官助理 宾岳成
书 记 员 张 华

夏某与顾某某离婚纠纷一审民事裁定书

上海市浦东新区人民法院
民事裁定书

（2020）沪 0115 民初 19597 号

申请人：夏某。

委托诉讼代理人：申某（与申请人夏某系母女关系）。

被申请人：顾某某。

申请人夏某于 2020 年 5 月 7 日向本院申请行为保全，请求本院依法裁定禁止被申请人顾某某实施抢夺、藏匿双方婚生女顾某 1 的行为，并禁止顾某某将顾某 1 带离夏某的经常居住地。

本院经审查认为，夏某以顾某某为被申请人提出了行为保全的申请，并以《上海市长宁区人民法院 2011 年-2015 年涉未成年子女离婚案件审判白皮书》、《广东法院审理离婚案件程序指引》作为参考依据。由于在本案中，夏某、顾某某并不存在离婚的法定事由，故不涉及到双方子女顾某 1 抚养权判决无法执行的问题，且夏某亦知道顾某 1 现在的居所。故夏某的申请不符合法律的规定，本院难以支持。依照《中华人民共和国民事诉讼法》第一百条第一款的规定，裁定如下：

驳回夏某的申请。

审　判　员　吕　琪
二〇二〇年五月九日
法官助理　孙文灏
书　记　员　孙文灏

附：相关法律条文

《中华人民共和国民事诉讼法》

第一百条　人民法院对于可能因当事人一方的行为或者其他原因，使判决难以执行或者造成当事人其他损害的案件，根据对方当事人的申请，可以裁定对其财产进行保全、责令其作出一定行为或者禁止其作出一定行为；当事人没有提出申请的，人民法院在必要时也可以裁定采取保全措施。

人民法院采取保全措施，可以责令申请人提供担保，申请人不提供担保的，裁定驳回申请。

人民法院接受申请后，对情况紧急的，必须在四十八小时内作出裁定；裁定采取保全措施的，应当立即开始执行。

郭某1与郭某2遗嘱继承纠纷一审民事判决书

海南省儋州市人民法院

民事判决书

（2020）琼9003民初4732号

原告：郭某1，公民身份号码：XXX。

委托诉讼代理人：梁某某，公民身份号码：XXX。

被告：郭某2，公民身份号码：XXX。

第三人：郭某3，公民身份号码：XXX。

第三人：郭某4，公民身份号码：XXX。

第三人：郭某5，公民身份号码：XXX。

第三人：郭某6，公民身份号码：XXX。

第三人：郭某7，公民身份号码：XXX。

原告郭某1与被告郭某2、第三人郭某3、郭某4、郭某5、郭某6、郭某7遗嘱继承纠纷一案，本院于2020年8月3日立案后，依法适用简易程序于2020年10月13日公开开庭进行了审理。原告郭某1的委托诉讼代理人梁某某，被告郭某2的委托诉讼代理人韦某某，第三人郭某3、郭某4、郭某5、郭某6、郭某7到庭参加诉讼。本案现已审理终结。

原告郭某1向本院提出诉讼请求：1. 请求确认郭壮雄、李贞姑的两处遗产：（1）坐落于儋州市新州镇新英墟黄塘社区居委会的房屋（东面至郑肇祥，西面至陈义益，南面至麦美炽，北面至陈辉高，建筑面积约180平方米）；（2）坐落于新州镇新英墟新街147号宅基地（面积约100平方米）和该地基上原建有的房屋（面积约200平方米）全部归原告继承。2. 案件受理费由被告负担。事实与理由：坐落于儋州市新州镇新英墟黄塘社区居委会的房屋（东面至郑肇祥，西面至陈义益，南面至麦美炽，北面至陈辉高，建筑面积约180平方米）建于1980年5月；坐落于新州镇新英墟新街原147号房屋是原告父母于1968年购买，后于1986年改建而成（房产的土地面积约100平方米，建筑面积约200平方米）；该两处房产是原告父亲郭壮雄、母亲李贞姑的遗产。原告父母生前生育7个子女，原告与被告及第三人系同胞兄弟姐妹。原告父母生前曾一度和被告同居住生活在新英墟原147号房屋，由于被告不尽孝道，在日常生活中经常对父母斥责呵骂，且对父母的生活起居、病痛从不理睬，父母不堪受虐于1998年搬出了147号房屋与原告一起生活。因此，母亲李贞姑生前口头立下遗嘱：坐落于新英墟黄塘的祖宅和坐落于新英墟新的房产全部由儿子郭某1一人继承。2005年1月份，原告母亲李贞姑病逝，母亲的逝世让原告及家人都沉浸在万分悲痛之中，可是，被告对于母亲的逝世当时非但没有任何悲痛，不携其妻及子女给母亲戴孝送终，反而忤逆到逢人便说是大快人心事。鉴于被告的所作所为，父亲郭壮雄生前于2012年6月30日立书面遗嘱："（1）我的后事由郭某1负责办理，女儿郭某3、郭某4、郭某5，郭某6、郭某7协助，碑文中立碑人只能篆刻郭某1及其子嗣姓名，郭某2不得干涉。（2）房产：黄塘祖宅和位于新英新街两处房产全部由郭某1一人继承，关于这两处房产的一切事项由继承人郭某1处置，其他人不得干涉"。可是，父亲郭壮雄于2013年3月4日去世后，被告却瞒着众兄弟姐妹，擅自于2017年3月拆除了父母所建的儋州市新州镇新英墟新街147号房屋另建，为此，原告曾向贵院起诉，并于2017年6月15日向贵院申请行为保全，贵院照准作出了保全裁定。但是，被告无视法律文书裁定的事项，仍强行在原147号房屋的原址上建起了房屋。综上所述，坐落于新州镇新英墟黄塘社区居委会的房屋，及坐落于儋州市新州镇新英墟新街原147号房屋系原告父母郭壮雄、李贞姑的遗产，根据中华人民共和国继承法》第5条"……有遗嘱的按照遗嘱继承或者遗赠办理；……"的规定，原告父母的全部遗产应由原告继承。被告郭某2对父母郭壮雄、李贞姑没有尽到作为子女应尽的赡养义务，且存在虐待、遗弃父母，不给父母行戴孝送终之礼的行为，根据《中华人民共和国继承法》第7条"继承人有下列行为之一的，丧失继承权：……（三）遗弃被继承人的，或者虐待被继承人情节严重的；……"的规定，被告已丧失对父母遗产的继承权。故此，原告现根据《中华人民共和国民事诉讼法》的有关规定，特向贵院提起诉讼，望判如诉请。

被告郭某2辩称，一、原告主张案涉祖屋和147号的宅基地及该地上的原有建筑物归其继承缺乏法律依据。因涉案的祖屋属于被告的父亲和其大伯共有，原告无权依据所谓的遗嘱继承祖屋。147号的宅基地虽然是由原被告父母出资购买，但是该宅基地上原有房屋已于1986年由原被告父母和被告出资重新修建，且该房屋目前已被拆除另由被告单独出资修建新的楼房。二、原告依据其提交的遗嘱主张案涉两套房屋归其继承，但其提供的遗嘱属于无效遗嘱，原告提供的遗嘱中如果属于自书遗嘱应当由原告父亲亲自书写，方为有效遗嘱，但该遗嘱是打印的，且首页没有郭壮雄本人的签名。如果该遗嘱为代书遗嘱，也应当由见证人之一代为书写遗嘱的内容，但该遗嘱不具备这一法定形式，全都是打印的，因此该遗嘱属于无效遗嘱。三、如前所述，案涉两套房产属于多人共有的房产，且原告母亲较其父亲过世得早，原告父亲无权就两套房产的全部产权作出处分，即使该遗嘱为合法有效的遗嘱，但内容涉及第三人的财产，其无权处分案涉两套房产。根据法律有关规定，原告母亲过世时未立遗嘱，属于原告母亲的财产此时包括被告在内的子女均有权继承，因此，原告依据其父亲出具的所谓的遗嘱主张继承两套房产没有依据。

第三人郭某3、郭某4、郭某5、郭某6、郭某7述称：涉案房产属于父母的遗产，去世时已经立了口头遗嘱将房子给郭某1继承。

原告郭某1提交的证据有：1.《遗嘱书》、2.《买卖房契》、3.《遗嘱》、4.《墓碑碑文》、5.《证明》、6.《证人郑琼豪证言》、7.《证人吴新万证言》、8.《证人陈尚军证言》。

被告郭某2提交的证据有：1.《调查笔录两份》之一、《调查笔录两份》之二、2.《遗嘱》、3.《证人李海适证言》、4.《证人王强证言》、5.《证人符冠书证言》。

当事人围绕诉讼请求依法提交了证据，本院组织当事人进行了证据交换和质证。对当事人无异议的证据，本院予以确认并在卷佐证。对有争议的证据，本院认证如下：

对原告提交的证据一郭宏典《遗嘱书》与被告提供的证据郭鸿典《遗嘱》及三人证人证言，内容相互矛盾，但原被告均未能提供其他的证据予以佐证，因此对原被告提供的上述证据本院不予采信。对原告提供的证据二《买卖房契》，因被告对其真实性无异议，本院确认其真实性。对原告提供的证据三《遗嘱》与证据四《墓碑碑文》、证据六《证人郑琼豪证言》、证据七《证人吴新万证言》、证据八《证人陈尚军证言》能相互印证，本院对上述证据予以采信。对被告提供的《调查笔录两份》，本院确认其真实性，但上述证据未能否定位于新州镇黄塘居委会的房产和新州镇新英墟新街原147号房屋属郭壮雄和李贞姑夫妻共有的事实。

本院经审理认定事实如下：郭壮雄、李贞姑结婚生育了原告郭某1和被告郭某2及第三人郭某3、郭某4、郭某5、郭某6、郭某7七名子女。1980年，郭壮雄、李贞姑在原祖宅基地上建造位于儋州市新州镇新英墟塘庙巷居委会四合院房屋（四合院长宽：长约20米、宽约13米，四至：东至郑克海家、西至小巷、南至麦义顺、北至小路）房屋。1968年郭壮雄、李贞姑购买周献乾位于儋州市新州镇新英墟新街147号房屋（占地面积：122.56平方米，四至：东至供销社门市部、西至刘南芬住宅、南至水沟、北至新街）。李贞姑、郭壮雄分别于2005年和2013年去世。郭壮雄、李贞姑的遗产有：1. 位于儋州市新州镇新英墟塘庙巷居委会四合院房屋系郭壮雄、李贞姑在祖遗的老宅重新建造；2. 位于儋州市新州镇新英墟新街147号房屋，儿女长大成婚后，郭壮雄、李贞姑以及郭某1、郭某3、郭某4、郭某5、郭某6、郭某7都不居住在该房屋，而由郭某2一家居住。2017年郭某2将新街147号房屋拆除，重建三层楼房。

郭壮雄在去世前于2012年6月30日立下一份遗嘱："为明确子女的继承权，特立以下遗嘱：一、关于继承人我的子女郭某3、郭某1、郭某4、郭某5、郭某6、郭某7六人享有我所有财产的继承权，我所嘱托的事情和全部财产均由此六人共同处理。郭某2遗弃父母，不得继承我的任何财产，不得对我的财产进行任何干涉。二、关于后事。我的后事由郭某1负责办理，郭某3、郭某4、郭某5、郭某6、郭某7协助，碑文中立碑人只能镌刻郭某1及其子嗣姓名，郭某2不得干涉。三、关于继承财产。1. 房产：黄塘祖宅和位于新英新街两处房产全部由郭某1一人继承，关于这两处房产的一切事项由继承人郭某1处置，其他人不得干涉。2. 债权债务我和妻子艰辛创业，妻子病故后，留下了一些债权和债务。……"2020年8月3日原告郭某1向本院起诉。

本院认为，本案的争议焦点为：第一，原、被告和第三人的父亲郭壮雄所立遗嘱是否有效。第二，位于新州镇新英墟黄塘居委会的房产和新州镇新英墟新街原147号房屋应由谁继承，具体继承份额如何确定。

一、关于郭壮雄所立遗嘱是否合法有效问题。郭壮雄所立的遗嘱属自书遗嘱，遗嘱的见证人吴新万、郑琼豪出庭作证证明该遗嘱系郭壮雄的真实意思表示，同时证据《墓碑碑文》的内容进一步印证了遗嘱的真实性。黄塘居委会的房产和新州镇新英墟新街原 147 号房屋系郭壮雄和李贞姑二人的遗产，郭壮雄对其享有份额的遗产所立的遗嘱有效，对属于李贞姑份额的遗产所立的遗嘱无效，即郭壮雄遗嘱只能处分上述二处房产的一半。故郭壮雄所立的遗嘱部分有效，部分无效。

二、位于新州镇黄塘居委会的房产和新州镇新英墟新街原 147 号房屋应由谁继承，具体继承份额如何确定。该二处房屋属郭壮雄、李贞姑共有，各占 1/2 份额。李贞姑先于郭壮雄去世，因其去世前没有立遗嘱，其法定继承人没有明确表示放弃继承权，故其遗产由其第一顺序继承人郭壮雄、原告郭某 1、被告郭某 2、第三人郭某 3、郭某 4、郭某 5、郭某 6、郭某 7 八人继承。因此，该二处房屋以上八人各继承 1/16 的份额，郭壮雄对该二处房屋享有 9/16（1/2+1/16）。郭壮雄遗嘱将房屋由郭某 1 继承，那么郭某 1 继承郭壮雄遗产后其对该二处房产享有 10/16 的份额。

综上，依照《中华人民共和国继承法》第三条、第五条、第十六条、第二十六条，《最高人民法院关于适用〈中华人民共和国民事诉讼法〉的解释》第九十条之规定，判决如下：

一、位于儋州市新州镇新英墟黄塘居委会四合院（四合院长宽：长约 20 米、宽约 13 米，四至：东至郑克海家、西至小巷、南至麦义顺、北至小路）房屋和位于儋州市新州镇新英墟新街 147 号原有房屋（已拆除，占地面积：122.56 平方米，四至：东至供销社门市部、西至刘南芬住宅、南至水沟、北至新街）10/16 由原告郭某 1 继承，1/16 由被告郭某 2 继承，第三人郭某 3、郭某 4、郭某 5、郭某 6、郭某 7 各继承 1/16；

二、驳回原告郭某 1 的其他诉讼请求；

案件受理费 2150 元（原告已预交），由原告承担 350 元，被告、第三人各承担 300 元。

如不服本判决，可在判决书送达之日起十五日内，向本院递交上诉状，并按对方当事人的人数或者代表人的人数提出副本，上诉于海南省第二中级人民法院。

审 判 员　郭显才

二〇二〇年十月三十日

法官助理　刘玲玲

书　记　员　赵　姬

附：相关法律条文

《中华人民共和国继承法》

第三条　遗产是公民死亡时遗留的个人合法财产，包括：

（一）公民的收入；

（二）公民的房屋、储蓄和生活用品；

（三）公民的林木、牲畜和家禽；

（四）公民的文物、图书资料；

（五）法律允许公民所有的生产资料；

（六）公民的著作权、专利权中的财产权利；

（七）公民的其他合法财产。

第五条　继承开始后，按照法定继承办理；有遗嘱的，按照遗嘱继承或者遗赠办理；有遗赠扶养协议的，按照协议办理。

第十六条　公民可以依照本法规定立遗嘱处分个人财产，并可以指定遗嘱执行人。

公民可以立遗嘱将个人财产指定由法定继承人的一人或者数人继承。

公民可以立遗嘱将个人财产赠给国家、集体或者法定继承人以外的人。

第二十六条　夫妻在婚姻关系存续期间所得的共同所有的财产，除有约定的以外，如果分割遗产，应当先将共同所有的财产的一半分出为配偶所有，其余的为被继承人的遗产。

遗产在家庭共有财产之中的，遗产分割时，应当先分出他人的财产。

《最高人民法院关于适用〈中华人民共和国民事诉讼法〉的解释》

第九十条　当事人对自己提出的诉讼请求所依据的事实或者反驳对方诉讼请求所依据的事实，应当提供证据加以证明，但法律另有规定的除外。

在作出判决前，当事人未能提供证据或者证据不足以证明其事实主张的，由负有举证证明责任的当事人承担不利的后果。

钟某芳申请诉后人身安全保护案

——诉后人身安全保护裁定制止“分手暴力”

（一）基本案情

申请人钟某芳与被申请人陈某于2010年2月2日经法院判决离婚，子女由钟某芳抚养。判决生效后，陈某拒不搬出钟某芳房屋，还要求与钟某芳同吃、同睡，限制钟某芳的人身自由和社会交往。钟某芳稍有不从，就遭其辱骂和殴打，并多次写字条威胁钟某芳。法院强制其搬离后，他仍然借探视子女为由，多次进入钟某芳家中对其实施威胁，还经常尾随、监视钟某芳的行踪，不仅使钟某芳的身体受到伤害，还使其处于极度恐惧之中。钟某芳于2010年5月6日向法院提出了人身安全保护裁定的申请，并提交了报警证明、妇联的来访记录、被申请人威胁申请人的字条、被撕烂的衣物、照片等证明材料。

（二）裁判结果

法院经审理认为，申请人钟某芳在离婚后仍然被前夫陈某无理纠缠，经常遭其辱骂、殴打和威胁，人身自由和社会交往仍受前夫的限制，是典型的控制型暴力行为受害者。为保护申请人的人身安全，防止“分手暴力”事件从民事转为刑事案件，法院裁定：禁止被申请人陈某骚扰、跟踪、威胁、殴打申请人钟某芳，或与申请人钟某芳以及未成年子女陈某某进行不受欢迎的接触；禁止被申请人陈某在距离申请人钟某芳的住所或工作场所200米内活动；被申请人陈某探视子女时应征得子女的同意，并不得到申请人的家中进行探视。该保护令的有效期为六个月。经跟踪回访，申请人此后再没有受到被申请人的侵害或骚扰。

郝某某诉郝某华赡养纠纷案

——人身安全保护裁定制止子女虐待老人

（一）基本案情

申请人郝某某与其妻王某某（已故）育有五个子女。现郝某某已丧失劳动能力，除每月的低保金320元外，无其他经济来源，其日常生活需要子女照顾。申请人郝某某轮流在除被告郝某华之外的其他子女处居住生活。因其他子女经济情况一般，住房较为紧张，申请人郝某某遂要求被告郝某华支付赡养费，并解决其居住问题。被申请人郝某华对原告郝某某提出的要求不满，经常用激烈言辞对郝某某进行言语威胁、谩骂，致使郝某某产生精神恐惧，情绪紧张。郝某某诉至法院，要求被告郝某华支付赡养费，并解决其居住问题。经法院多次通知，被告郝某华仍不到庭应诉，反而对原告恫吓威胁，致使原告终日处在恐惧之中。原告遂在诉讼期间向本院申请人身安全保护裁定，要求法院采取措施，制止被告郝某华对郝某某威胁、谩骂侮辱行为。

（二）裁判结果

针对申请人提出的人身安全保护裁定申请，法院经审理认为，被申请人郝某华对申请人郝某某经常进行言语威胁、谩骂等行为，导致申请人终日生活在恐惧之中，故其申请符合法律规定，应予支持。法院裁定：禁止被申请人郝某华对申请人郝某某采取言语威胁、谩骂、侮辱以及可能导致申请人产生心理恐惧、担心、害怕的其他行为。同时，法院对被申请人进行了训诫，告知其在有效期内，若发生上述行为，则视情节轻重对被申请人采取拘留、罚款等强制措施。经跟踪回访，被申请人对申请人再无威胁行为。对原告请求被告履行赡养义务的请求，法院判决被告郝某华每月向原告郝某某支付赡养费600元。

女童罗某某诉罗某抚养权纠纷案

——人身安全保护裁定制止儿童虐待

（一）基本案情

2007年，原告余某某与被告罗某离婚，婚生女孩罗某某（2001年12月26日出生）由被告罗某抚养。2011年12月28日，原告向法院诉称，被告长期在外打工，女儿罗某某与祖母和大伯共同生活期间，罗某某经常遭受殴打和辱骂，且罗某某与离异的大伯同住一室，随时可能遭受性侵犯。原告向法院提供了女儿的伤情鉴定书及其要求与母亲共同生活的书信等证据，并请求法院判令变更女儿罗某某由原告抚养。诉讼过程中，罗某某向法院申请人身安全保护。

（二）裁判结果

法院经审理认为，申请人罗某某在与被申请人余某金、罗某衡共同生活期间多次无故遭受殴打，且有法医学人体损伤程度鉴定书为证。申请人罗某某的申请符合法律规定。据此，依法裁定禁止被申请人余某金、罗某衡殴打、威胁、辱骂、骚扰、跟踪申请人罗某某，裁定有效期为六个月。之后，经法院调解，双方变更了抚养权，此案在一周内结案，未成年人罗某某在最短的时间摆脱了家庭暴力。

参考文献

一、专著

江伟、肖建国主编：《民事诉讼法》，中国人民大学出版社 2015 年版。

宋朝武主编：《民事诉讼法学》，高等教育出版社 2018 年版。

张卫平著：《民事诉讼法》，法律出版社 2016 年版。

江伟主编：《民事诉讼法专论》，中国人民大学出版社 2005 年版。

李仕春著：《民事保全程序研究》，中国法制出版社 2005 年版。

郭小冬著：《民事诉讼侵害阻断制度研究》，知识产权出版社 2010 年版。

王福华著：《民事诉讼法学》，清华大学出版社 2012 年版。

刘敏、陈爱武著：《〈中华人民共和国家事诉讼法〉建议稿及立法理由书》，法律出版社 2018 年版。

[德] 汉斯-约阿希姆·穆泽拉克：《德国民事诉讼法基础教程》，周翠译，中国政法大学出版社 2005 年版。

周翠著：《中外民事临时救济制度比较研究》，清华大学出版社 2014 年版。

[日] 兼子一等著：《条解民事诉讼法》（第 2 版），东京弘文堂 2011 年版。

山崎潮监修、濑木比吕志等编：《注释民事保全法（上）》，社团法人民事法信息中心 1999 年版。

《日本民事诉讼法典》，外国民事诉讼法译丛，第 291 页。

新堂幸司著：《新民事诉讼法》，林剑锋译，法律出版社 2008 年版。

李曼著：《美国中间禁令制度研究》，社会科学文献出版社 2020 年版。

黄薇主编：《中华人民共和国民法典人格权编解读》，中国法制出版社 2020 年版。

全国人大常委会法制工作委员会民法室：《中华人民共和国民事诉讼法条文说明、立法理由及相关规定》，北京大学出版社 2012 年版。

陈荣宗、林庆苗著：《民事诉讼法》，三民书局股份有限公司 1996 年版。

薛宁兰、金玉珍主编：《亲属与继承法》，社会科学文献出版社 2009 年版。

郝振江、赵秀举译：《德日家事事件与非讼事件程序法典》，法律出版社 2017 年版。

江必新主编：《〈中华人民共和国民事诉讼法〉修改条文解读与应用》，法律出版社 2012 年版。

［日］吉川大二郎：《保全诉讼的基本问题》，有斐阁 1977 年版。

杨良宜、杨大明著：《禁令》，中国政法大学出版社 2000 年版。

肖建国主编：《民事执行法》，中国人民大学出版社 2014 年版。

二、论文

金正佳、翁子明：《论建立行为保全制度》，载《人民司法》1997 年第 1 期。

陈莹：《我国民事诉讼行为保全制度初探》，载《福建政法管理干部学院学报》2003 年第 1 期。

赵彤：《在民事诉讼法中设立行为保全制度初探》，载《学术研究》2001 年第 4 期。

张宝成：《民事行为保全制度研究》，中国人民大学 2017 年博士学位论文。

周翠：《行为保全问题研究——对〈民事诉讼法〉第 100—105 条的解释》，载《法律科学》2015 年第 4 期。

占善刚：《证据保全程序参照适用保全程序质疑——〈中华人民共和国民事诉讼法〉第 81 条第 3 款检讨》，载《法商研究》2015 年第 6 期。

李仕春：《民事保全程序基本问题研究》，载《中外法学》2005 年第 1 期。

李曼：《行为保全制度的标准构建——以美国法中间禁令制度的衡量标准为参考》，载《烟台大学学报》（哲学社会科学版）2016 年第 5 期。

黄维智、万旭、张斌：《论我国行为保全制度的历史变迁》，载《天府新论》2014 年第 3 期。

颜卉：《家事诉讼立法中增设特殊行为保全制度研究》，载《甘肃政法学院学报》2018 年第 6 期。

张鸣起:《民法典分编的编纂》,载《中国法学》2020年第3期。

石佳友:《守成与创新的务实结合:〈中华人民共和国民法人格权编(草案)〉评析》,载《比较法研究》2018第2期。

杨立新:《我国民法典人格权立法的创新发展》,载《法商研究》2020年第4期。

姚辉:《当理想照进现实:从立法论迈向解释论》,载《清华法学》2020年第3期。

吴英姿:《人格权禁令程序研究》,载《法律科学》(西北政法大学学报)2021年第2期。

王利明:《论侵害人格权的诉前禁令制度》,载《财经法学》2019年第4期。

吕辉:《论日本行为保全制度及其启示》,载《湖北社会科学》2013年第2期。

隋秀娟:《比较法视野中的诉讼行为保全制度的研究》,载《淮北职业技术学院学报》2010年第2期。

李喜莲:《民事诉讼法上的"利害关系人"之界定》,载《法律科学(西北政法大学学报)》2012年第1期。

黄文艺:《比较法视域下我国民事保全制度的修改与完善》,载《比较法研究》2012年第5期。

陈莹:《我国行为保全制度的建构》,载《厦门大学法律评论》2006年第1期。

李龙、李一鑫:《民事行为保全的功能定位与制度重塑》,载《江西社会科学》2020年第1期。

程啸:《论我国民法典中的人格权禁令制度》,载《比较法研究》2021年第3期。

郭小冬:《人格权禁令的基本原理与程序法落实》,载《法律科学》(西北政法大学学报)2021年第2期。

韩天岚:《知识产权诉讼中诉前禁令的适用》,载《电子知识产权》2004年第4期。

齐树洁等:《我国家事诉讼特别程序的构建》,载《厦门大学学报》2014年第2期。

陈爱武：《论家事审判机构之专门化——以家事法院（庭）为中心的比较分析》，载《法律科学》2012 年第 1 期。

陈爱武：《论家事案件之执行》，载《河北法学》2006 年第 1 期。

唐方恒：《家事保全程序研究》，暨南大学 2015 年硕士学位论文。

颜卉：《家事诉讼立法中增设特殊行为保全制度研究——以家庭暴力案件中的人身安全保护令为切入点》，载《甘肃政法学院学报》2018 年第 6 期。

李晓枫：《论以我国行为保全制度实现禁诉令功能》，载《法学杂志》2015 年第 7 期。

赵景顺、周兢：《对英国禁诉令制度的思考》，载《人民司法》2015 年第 17 期。

祝建军：《我国应建立处理标准必要专利争议的禁诉令制度》，载《知识产权》2020 年第 6 期。

姚志伟、刘榕、周立勤：《电子商务平台内经营者反向行为保全研究》，载《中国应用法学》2020 年第 6 期。

王莉娟、谭筱清：《从知识产权禁令到行为保全制度的完善》，载《人民司法》2014 年第 5 期。

张娜、连强、周祖继：《新民诉法保全问题的实践探索——北京二中院完善保全工作规范论证会综述》，载《人民法院报》2013 年 4 月 10 日，第 7 版。

高路：《民事行为保全制度研究》，南京师范大学 2016 年博士学位论文。

范跃如：《试论我国行为保全制度及其构建与完善》，载《法学家》2004 年第 5 期。

李晓枫、郭萍：《评析〈民事诉讼法〉中行为保全制度的立法突破与不足》，载《法律适用》2015 年第 6 期。

宋鱼水、杜长辉等：《知识产权行为保全制度研究》，载《知识产权》2014 年第 11 期。

倪斐：《公共利益的法律类型化研究——规范目的标准的提出与展开》，载《法商研究》2010 年第 3 期。

李玉香、孙浩源：《专利侵权诉讼不判决停止侵权的法律探讨》，载《湖南大学学报（社会科学版）》2014 年第 2 期。

李汉昌、吴德桥：《适用财产保全制度应注意的几个问题》，载《法学评论》1996 年第 4 期。

任重：《我国诉前行为保全申请的实践难题：成因与出路》，载《环球法律评论》2016 年第 4 期。

程新文、韩玫：《解读〈最高人民法院关于人身安全保护令案件相关程序问题的批复〉》，载《民事审判指导与参考》第 66 辑。

后 记

行为保全制度正式进入我国《民事诉讼法》的制度体系的时间并不算长，目前主要的司法实践还是集中在知识产权纠纷和海事诉讼案件中。近来在环境污染案件、婚姻家庭纠纷、相邻关系纠纷、股东争议、企业经营纠纷、劳动争议、租赁合同纠纷、建设工程纠纷等方面，希望运用行为保全制度进行权利保护的需求也越发凸显。尽管我国的民事行为保全制度尚处于起步阶段，但由于行为保全制度在及时保护民事主体合法权益、避免无法弥补的损失、完善司法救济手段等方面具有重要意义，故我们律师行业积极进行相关的研究是必要的。从理论和实践的角度进行讨论和探索，形成有价值的研究成果，抛砖引玉，提出建议，这对完善我国民事行为保全制度十分有益。

《民事行为保全制度研究》一书就是朝阳区律师协会的一项研究成果。在朝阳区律师协会杨光会长、王正志副会长的提议和指导下，我组织朝阳区律师协会争议解决业务研究会从2019年起就开始进行相关的研究工作。争议解决业务研究会的主要骨干成员，联合知识产权业务研究会的多位律师，搜集资料整理素材，翻阅域外法律规定，多次集中开会讨论交流，对民事行为保全制度进行了深入讨论，多位律师分工合作在繁忙的本职工作之余挤出时间起草了本书初稿。其后，本书书稿经过进一步完善，得以付梓。借此，我们向以下参与起草撰写、搜集整理、审阅修订的朝阳区律师协会的律师们表示衷心的感谢。

争议解决业务研究会的参与人员及单位：

张明君　北京君众律师事务所

马立文　北京大成律师事务所

李长青　北京市隆安律师事务所

董丽红　北京宏耀律师事务所

冷秋菊　北京威诺律师事务所

郭松阳　北京市京师律师事务所

韩　骁　北京市康达律师事务所

常海梅　北京市德和衡律师事务所

贾秀娟　北京大成律师事务所

知识产权业务研究会的参与人员及单位：

权鲜枝　北京市隆安律师事务所

王　冬　北京市高文律师事务所

秦　鹏　山东康桥（北京）律师事务所

罗　群　北京市两高律师事务所

毛艳丽　北京市金平律师事务所

谷丽娜　恒信东方文化股份有限公司

李虹炎　北京市安理律师事务所

感谢朝阳区律师协会争议解决业务研究会委员田雨鑫、丁洪涛、付振坤、宇文鸿雁、陈静霞、胡功群、逄伟平、马晓田等律师在本书出版过程中的热诚相助！

北京市朝阳区律师协会副会长　孙为

2022 年 10 月 3 日

图书在版编目（CIP）数据

民事行为保全制度研究／北京市朝阳区律师协会编著．—北京：中国法制出版社，2022.11
ISBN 978-7-5216-2911-8

Ⅰ．①民…　Ⅱ．①北…　Ⅲ．①民事诉讼-司法制度-研究-中国　Ⅳ．①D925.104

中国版本图书馆 CIP 数据核字（2022）第 175704 号

策划编辑：赵宏　　　责任编辑：刘冰清　　　封面设计：杨鑫宇

民事行为保全制度研究
MINSHI XINGWEI BAOQUAN ZHIDU YANJIU

编著/北京市朝阳区律师协会
经销/新华书店
印刷/北京虎彩文化传播有限公司
开本/710 毫米×1000 毫米　16 开　　　印张/ 12　字数/ 215 千
版次/2022 年 11 月第 1 版　　　2022 年 11 月第 1 次印刷

中国法制出版社出版
书号 ISBN 978-7-5216-2911-8　　　定价：59.00 元

北京市西城区西便门西里甲 16 号西便门办公区
邮政编码：100053　　　传真：010-63141600
网址：http：//www.zgfzs.com　　　**编辑部电话：010-63141837**
市场营销部电话：010-63141612　　　**印务部电话：010-63141606**